AF501440

DES
TROIS POUR CENT.

PREMIER APERÇU.

Noli me tangere.

PARIS,
ADRIEN ÉGRON, IMPRIMEUR-LIBRAIRE,
RUE DES NOYERS, N° 37;
PONTHIEU, LIBRAIRE, AU PALAIS-ROYAL.
1825.

On trouve chez le même Libraire :

Discussion sur les Rentes, 1824.
Discussion sur le Sel Gemme, 1825.
Du Projet d'Indemnité, etc. 1825.

AVANT-PROPOS.

« Le cours est en stagnation ; à la limite de 75, le flot des 3 pour cent recule épouvanté : et la promesse de dot ne se réalisant pas, les habitués de la vieille rente repoussent toute idée de divorce ; c'est tout au plus si quelques chevaliers d'industrie se laisseront induire à contracter une alliance illicite. »

Ceux qui raisonnent ainsi n'ont oublié que de poser la question : ses termes sont simples, bien que la solution soit difficile : le 3 pour cent est-il mort, dûment et finalement, sous la condition de ne ressusciter jamais ? ou le 3 pour cent fait-il le mort, avec l'intention traîtresse de se relever au terme, de renaître plus effervescent, plus prépondérant.

Sans doute il peut y avoir épuisement dans les caisses ou impuissance dans les cerveaux, parmi la bande à qui le privilége est conféré, de maîtriser la bourse ; et par la bourse, la richesse publique ; et par la richesse publique, les destinées politiques.

Peut-être aussi les traitans sont moins hébétés que ne pensent les esprits légers, moins éreintés que ne désirent les honnêtes gens. Peut-être n'est-ce de leur part qu'une fausse manœuvre, qu'une trame astucieuse, qu'une *subtile piperie ?*

Dès les premiers jours, il leur était facile, armés du

fouet de l'amortissement, de faire vibrer et tourner rapidement sur elle-même, au point d'éblouir la vue et d'abasourdir l'ouïe, cette frêle toupie des 3 pour cent, toute gonflée de vent.

S'ils ne l'ont pas fait, c'est qu'ils ne voulaient pas le faire : et s'ils ne l'ont pas voulu, c'est parce que la fougue parisienne, s'embrasant tout d'abord, aurait en peu de temps, incendié l'échafaudage et encombré sous ses ruines le terrain même où doivent s'opérer leurs savantes évolutions.

Ils attendent : ils attendront jusqu'aux approches du jour fatal. Et, forts de l'impatience des joueurs d'en venir aux mains, forts d'un amoncèlement de capitaux depuis trois mois tenus en suspens, à la veille du semestre qui leur prête une prime de 50 sous, à l'abri de quelques nouvelles amenées de loin et lancées à propos, sous les auspices surtout de cet esprit changeant qui ne croit plus, parce qu'il a cru, qui ne veut plus, parce qu'il a voulu; pour lors, il y aura un coup de jarnac.

Sur l'heure, le cours reprend de 1 franc, de 2 francs, de 3 francs. César a passé le Rubicon; ses légions le suivront à la piste : la tâche des entrepreneurs est à son terme; qu'ils laissent aller le monde! Cette fois, le point d'arrêt gît au fond de l'abîme.

La fièvre à la hausse s'inocule de veines en veines, et simule les paroxismes de la rage. Il se présente sur le marché des rentes, d'abord tout ce qu'il y a d'écus, puis tout ce qu'il y aura d'écus; enfin une masse quintuple et décuple de promesses d'écus, fraîchement frappées sous le balancier expéditif du crédit.

Il faut qu'un sort ait été jeté sur l'espèce humaine ! On doit se rappeler le système de Law, dont les actions furent poussées à vingt fois leur capital; dont les billets gagnaient une prime de 10 pour cent contre le numéraire. D'autant les effets sont de sorte fantastique, d'autant l'imagination s'exerce à l'aise sur leur valeur, tour à tour les portant aux nues, et les refoulant sous terre : or, quant au capital, y a-t-il rien de plus fantastique que le 3 pour cent, si ce n'était le 2 pour mille. *Sic itur ad astra..*

On peut juger du cours, 80, 82, 85, 89 : à quel taux se limitera-t-il ? Nul ne le sait, ou du moins ne le dit. Des gens le voient à 99. Et encore, si la terreur du remboursement ne vient à l'encontre, pourquoi n'irait-il pas au-dessus de 100, en quête d'un pair nouveau ?

« Chers et doux rentiers, s'écrieront alors les fauteurs, vous ne voulez pas vendre vos cinq ; vous ne voulez pas les conserver. Tous les emplois manquent à la fois, et les fonds sont prêts pour vous rembourser. Mais prenez-donc garde : vous n'avez plus que huit jours, que trois jours ; et songez qu'au dernier moment, il y aura queue ; songez que le beffroi de minuit, il semble déjà l'entendre, va séparer à jamais les élus et les réprouvés. »

Telles sont les manœuvres qui se trament dans l'intention. Quant à l'exécution, y aura-t-il des moyens, des succès ? Les caisses ont leur secret, et les événemens aussi.

Mais, s'il faut beaucoup de moyens pour emporter, d'emblée, une conversion générale, il en faut peu pour entraîner quelques dupes, et tirer les traitans du plus mauvais pas.

A peine le cours aurait atteint 80, et quand même le délai ne serait pas révolu, toute leur spéculation se borne à écouler, insensiblement, la masse de rentes dont ils sont engorgés.

Et cependant, pour peu que la place ne soit pas trop vivement inondée, l'effervescence des esprits continue, jusqu'au moment où des banquiers, des capitalistes, découvrent le complot, ou se laissent tenter par les hauts prix.

La scène change pour lors. Chacun veut vendre; tout le monde veut vendre; et, de franc en franc, le cours se précipite, impatient de reprendre son à-plomb naturel. Hier encore, la rente était rare, et les écus suraboudaient; aujourd'hui, il y a des rentes en toutes les mains, il n'y a d'écus dans aucunes.

La catastrophe est épouvantable et se répercute de proche en proche, de relation en relation, sur toute la surface du royaume.

Il faudrait s'en défier : il faudrait prémunir contre les dangers de cet entraînement, de cet enivrement, les victimes désignées à l'avance, qui se rendent trop souvent l'instrument de leur propre perte.

C'est le but de cet écrit, où les faits fournis par la nature des choses et l'expérience des temps, prêtent leur appui, ou plutôt servent de bases aux raisonnemens.

DES

TROIS POUR CENT.

Les boules ont discuté, l'urne a parlé : qu'en advient-il ? Il y avait un projet de loi ; il y a une loi en projet. L'*exequatur* ne lui est pas encore donné ; le peuple souverain du grand-livre a le droit d'y apposer son *veto ;* les Chambres ont résolu, les rentiers aviseront.

Le conseil de famille est dûment convoqué : un rentier prend la parole et cause avec ses consors. Y aurait-il tant de mal à ce que la conversation devînt générale ? En tous cas, la police à fine oreille n'a rien à redire ici.

Il faut le reconnaître : l'année passée, il y avait répugnance, aversion, horreur peut-être. La mémoire rappelait trop vivement comment les enfans d'Israël, après avoir séduit les habitans de Sichem, s'étaient rués sur eux à l'improviste, passant les hommes au fil de l'épée, emmenant les enfans en esclavage, saccageant et incendiant leur cité.

Maintenant les choses sont toutes différentes. Il n'y a plus de violence : le crédit est trop huguenot de sa nature ; les conversions ne s'opèrent point à commande. Il n'y a plus de fraude : avec des armes simulées, il faut vaincre au premier assaut ; le combat ne peut se renouveler.

La loi est tout innocente, tout inoffensive : que le rentier se prête ou se refuse à l'alliance avec la rente nouvelle, les trois mois de miel lui sont de même alloués.

Aussi les Chambres ont adopté, sinon sans langue délier, du moins sans coup férir. Elles ont saisi aux cheveux la bienheureuse occasion qui allait s'échapper peut-être, où l'Hercule du fisc, troublé par une passion enivrante, faisait tant de concessions en faveur de la richesse publique.

On ne peut blâmer que le titre de *loi sur la dette publique*, attendu que la dette de l'Etat ne tombe point sous la loi de l'Etat, et ressort uniquement des clauses du contrat.

La loi est vraiment une loi sur l'amortissement, une loi d'ordre intérieur, une loi réglementaire pour la trésorerie : sous ce rapport, les éloges ne tariraient jamais ; Pelham et Pitt n'eussent pas autrement travaillé, et la race moutonnière de nos faiseurs de finances, cette fois, n'a pas tardé à franchir l'ornière.

Les applaudissemens commencent au premier article. « *Les rentes maintenant acquises ne pourront être annulées avant cinq ans.* » Donc, la loi aurait pu les annuler aujourd'hui ou demain : donc, elle devra les annuler à cette époque.

Second article. « *Les rentes dorénavant acquises seront annulées au profit de l'Etat pendant cinq années.* » Voilà la planche jetée sur l'abîme ; il vaut mieux passer dessus que dessous : dès que l'Etat ressuscite, dès que le profit de l'Etat est mis en balance avec le lucre de l'agiotage, nous verrons annuler, par suite, et toutes les rentes d'achat et tout le fonds d'achat.

Troisième article. « *L'amortissement ne pourra plus racheter les effets publics au-dessus du pair.* » C'est dommage que la bonne idée ne soit pas venue plus tôt ; car, quoi qu'on die, l'Etat ne s'était nullement engagé à rembourser le dernier emprunt à 15 pour 0/0 de bénéfice, dans le courant même de l'année. Ainsi, un trésor de 100 millions se serait amassé dans les caisses ; et le cours restant plus bas de 2 à 3 francs, les têtes n'eussent point été tracassées par tous ces projets de finance, dont les succès et les revers sont également funestes.

Mais le sort nous offre quelque compensation ; enfin la mode est arrivée de coter le pair au lieu de coter le cours ; s'il est tombé des nues un ministre avec la mission de hausser le pair du denier 20 au denier 33 1/3, il s'en déterrera quelqu'autre, à l'effet de le baisser du denier 20 au denier 16 2/3 : de sorte qu'avant peu de temps, les rachats s'arrêteront à la limite de 83 francs 33 cent. pour 5 francs. Et quelle sainte joie, pour ceux qui comprennent que la méthode actuelle travaille plus efficacement à l'amortissement de la richesse publique, qu'à celui de la dette publique!

Le quatrième article autorise la création de deux nouvelles formes de papiers, portant tel ou tel chiffre, tant à l'égard de l'intérêt payable en espèces et à échéance, qu'à l'égard du capital remboursable à la première pluie d'or et jusque-là rachetable avec le pur sang des peuples ; laquelle création était sans doute recommandée par l'impatience que témoignent les braves rentiers à se décharger les épaules, ceux-ci d'un dixième, ceux-là d'un cinquième de leur pitance annuelle, afin de franchir lestement les barrières de la noble lice et de disputer la palme d'or, que leur prépare le digne juge du camp.

Ici se termine l'œuvre législative. Du reste, tout est facultatif : la loi propose et l'opinion dispose. L'effet réel est d'amplifier et distendre la capacité des rentiers : la cage aux 5 pour cent s'ouvre au large, et leur vol peut se déployer au vague espace des divers taux du pair.

Il y a pour eux, ce sont les termes sacramentaux, faculté de requérir des 3 pour cent, faculté de requérir des 4 1/2, la première pendant trois mois, la seconde pendant six semaines au delà, afin que nulle crainte ne hâte, que nul regret ne pèse.

Dans ses effusions de tendresse, c'est à bien dire un brevet d'émancipation que le ministre octroie à ses enfans gâtés, aux nourrissons du grand-livre. Veulent-ils rester au giron paternel? qu'ils restent. Veulent-ils courir les aventures? qu'ils courent. Ses vœux les accompagnent dans l'une et l'autre fortune.

On voit que le cœur est changé, que les entrailles se sont émues. Ils ne reviendront plus ces temps de sinistre mémoire, où l'impitoyable Masson était détaché avec l'ordre exprès de démolir et raser de fond en comble les palissades, déjà trop ébranlées, qui garantissaient l'innocent troupeau de la fureur des loups et des embûches du renard : à cette heure, le berger lui-même reprend la garde de ses agneaux chéris; et sentinelle vigilante, dès la pointe de la plus douce aurore, il les appèle aux sons argentins du Cornet, à se répandre au gré de leurs penchans, dans ces vastes paturages, les uns chargés d'une herbe succulente, les autres parfumés de fleurs éblouissantes.

Les prédicateurs de la conversion psalmodient chaque jour sur un ton différent : suppliques, menaces, promesses, ils ont tout épuisé; si bien que le *Moniteur* (25 mai) est réduit à se frayer une voie nouvelle. C'est un cahier de doléances qu'il déroule à nos yeux : Orgon ne s'appitoyait pas autrement sur le compte de son pauvre ami.

« On fait souvent aux hommes d'état l'honneur de leur supposer un esprit d'invention qu'ils n'ont pas. On se persuade que c'est d'eux-mêmes, et en ne faisant que céder à leur génie, qu'ils ont mis en avant une mesure nouvelle... Le ministre n'a fait qu'obéir au mouvement qui l'entourait, que se conformer à l'état de choses dont il était pressé... On lui a reproché d'avoir agi; on l'eût accusé bien plus haut, s'il eût abandonné aux hasards de l'avenir les graves intérêts qui lui étaient confiés. »

Mais quel était ce mouvement, cet état de choses? Le *Moniteur* nous l'apprend. « Un capital de plus de cent francs s'offrait à la bourse pour cinq francs d'intérêt, et il était aisé de prévoir qu'il allait atteindre cent vingt francs.... Le ministre devait-il en détourner ses regards et laisser aller le monde comme il voulait aller? »

A Dieu ne plaise! *Une négligence aussi coupable* ne pouvait se rencontrer qu'à Bade et dans les Pays-Bas, où les effets publics ne sont nullement troublés dans leur ascension progressive au-dessus du pair nominal. En France, on ne se joue pas ainsi de la richesse publique, de la paix publique, de la joie publique.

En effet, qu'allait-il arriver? Des fonds sortaient librement de la rente et s'offraient à tous les besoins; la production s'accroissait en même temps que la consommation; les propriétés augmentaient de valeur, et qui pis est encore, l'agiotage se retournait devers le gouffre des mines, l'amortissement s'effaçait du budget de neuf cents millions.

Venait-il en tête de réduire l'intérêt des rentes, autrement de soustraire un cinquième du revenu à chaque rentier, pour opérer l'addition d'un centième à celui de chaque contribuable : juste ou injuste, l'opération était facile : les uns trouvaient un placement et vendaient; les autres se soumettaient sans trop de répugnance. Et il n'y avait plus lieu au remboursement, ni par offres réelles, ni par menaces frauduleuses : tout se passait comme cela se passe en Angleterre. Vit-on jamais une telle série de désastres?

Or maintenant, que va-t-il arriver? Le *Moniteur* dénonce un déclassement de 200 à 300 millions, reversés sur l'agriculture et l'industrie, auquel il convient d'ajouter un déclassement encore plus énorme, suscité par l'inquiétude et la défiance. Et toutes ces aliénations sont forcées, sont précipitées; et tous ces capitaux restent en stagnation, ou se placent à l'aventure. La perspective est brillante, il faut l'avouer.

Et de plus, s'il faut croire à l'horoscope tiré par le *Journal de Paris* (28 mai) : « Comme la langueur n'est qu'apparente, lorsque l'hésitation aura passé il est à craindre que dans le mouvement inopiné qui doit la suivre, il n'arrive une hausse factice, brusquement suivie d'une baisse qui ne sera pas plus réelle. »

Ainsi, chers rentiers, vos destins sont doucement balancés entre deux empirées de délices : faites un choix seulement.

Voulez-vous émigrer du grand-livre et vous mettre en quête du pays d'Eldorado? C'est toujours le même taux de courtage; mais le cours n'est qu'à cent deux, au lieu qu'il devait être à cent vingt; mais il y aura quelques centaines de millions à se disputer des emplois, au lieu que la demande allait les réclamer peu-à-peu au parquet de la bourse.

Voulez-vous troquer vos vieux Pénates contre des Dieux inconnus et ranimer votre essor engourdi à la fumée des trois pour cent? Le mouvement inopiné débute en hausse, mais votre esprit n'est point inopiné : c'est de franc en franc qu'il s'ébranle peu-à-peu; c'est à l'apogée du cours qu'il est terrassé. La contagion vous gagne et vous achetez sur l'heure.

La baisse survient. Elle ne vous effraie pas; ce n'est que du jeu et le cours va reprendre. Pourtant il y a bientôt 5 fr., 10 fr., 15 fr. de différence : n'est-ce pas le cas de réfléchir : ne faut-il pas arrêter sa perte, liquider son compte? Vous vendez donc, vous vous dévouez; la clique n'attendait pas moins de vous. Vive la hausse maintenant!

On ne vous parle pas de garder vos cinq pour cent, car le *Journal de Paris* ne l'entend pas ainsi; si bien qu'il couronne sa prosopopée de hausse et de baisse par cette allocution touchante : «... Que feront dans cette *bagarre* ceux qui n'auront pas converti? »

D'où il appert que pour se préserver de la *bagarre*, on doit s'y jeter à corps perdu; qu'en conservant les cinq pour cent, on encourt tous les risques des trois pour cent, et qu'en acceptant les trois pour cent, on jouit de la sécurité des cinq pour cent.

Comprenne qui pourra! Le mot de l'énigme paraîtra dans quelqu'autre numéro, peut-être le lendemain du 5 août. Hommes de peu de foi, c'est pour lors que viendront les remords cuisans et la honte dévorante.

Le *Moniteur* se demande avec sa gravité habituelle : « *Le ministre devait-il laisser aller le monde comme il voulait aller?* » Il aurait mieux fait de répondre à cette question : « *Le monde va-t-il laisser aller le ministre comme il voudrait aller?* » La lutte se passe entre le ministre et le monde : et le monde, c'est l'opinion ; et l'opinion, c'est le crédit. Or, le ministre des finances, le ministre du crédit, se met donc en insurrection contre son maître. Est-ce sage, est-ce loyal?

Le premier essai ne fut pas des plus heureux. Avant la fin de la guerre d'Espagne, le monde ou le crédit allait droit et vite; un emprunt montant au septième de la dette inscrite, se contractait presqu'au cours, sauf les bénéfices d'escompte. Et pour le dire en passant, un esprit moins prévenu en aurait conclu que le crédit dépend plutôt de la stabilité acquise du cours, que de son élévation subite : qu'on pousse maintenant les trois pour cent à 80 et qu'on ouvre un emprunt semblable; il ne se remplira pas au-dessus de 60.

Cependant le crédit n'est qu'un effet ; et le principe dont il dérive, prenait de jour en jour plus d'extension et de consistance ; jusqu'au fond des provinces depuis long-temps effarouchées, les fonds publics commençaient à pénétrer : au lieu d'être considérés à titre de capital, ils s'investissaient du caractère de revenu ; ils se confondaient avec les biens immeubles et leurs fruits étaient tenus pour rentes, étaient portés en ligne dans le bilan de la dépense annuelle.

Ainsi le grand pas se faisait. L'homme a ses habitudes de vie ; tel ou tel revenu est nécessaire pour les entretenir ; tout fonds dont le produit s'est intercallé dans son compte, devient inviolable, inaliénable, à moins qu'un autre placement ne fournisse la même quotité, la même sécurité des intérêts.

Si le premier projet n'avait attaqué que le capital, son succès eût été moins difficile ; les six pour zéro auraient plutôt passé que les trois pour cent, même que les deux pour mille : l'ardeur des jouissances et le manque de prévoyance dominent la société actuelle ; et ce n'est pas le moindre vice des réductions, que d'exciter les rentiers à placer en viager, à l'instar des sauvages qui coupent l'arbre par le pied pour en dévorer le fruit.

Mais il réduisait le revenu ; de là, du trouble dans toutes les têtes, des craintes sur l'avenir, des

Il faut qu'un sort ait été jeté sur l'espèce humaine ! On doit se rappeler le système de Law, dont les actions furent poussées à vingt fois leur capital; dont les billets gagnaient une prime de 10 pour cent contre le numéraire. D'autant les effets sont de sorte fantastique, d'autant l'imagination s'exerce à l'aise sur leur valeur, tour à tour les portant aux nues, et les refoulant sous terre : or, quant au capital, y a-t-il rien de plus fantastique que le 3 pour cent, si ce n'était le 2 pour mille. *Sic itur ad astra..*

On peut juger du cours, 80, 82, 85, 89 : à quel taux se limitera-t-il ? Nul ne le sait, ou du moins ne le dit. Des gens le voient à 99. Et encore, si la terreur du remboursement ne vient à l'encontre, pourquoi n'irait-il pas au dessus de 100, en quête d'un pair nouveau ?

« Chers et doux rentiers, s'écrieront alors les fauteurs, vous ne voulez pas vendre vos cinq ; vous ne voulez pas les conserver. Tous les emplois manquent à la fois, et les fonds sont prêts pour vous rembourser. Mais prenez-donc garde : vous n'avez plus que huit jours, que trois jours ; et songez qu'au dernier moment, il y aura queue ; songez que le beffroi de minuit, il semble déjà l'entendre, va séparer à jamais les élus et les réprouvés. »

Telles sont les manœuvres qui se trament dans l'intention. Quant à l'exécution, y aura-t-il des moyens, des succès ? Les caisses ont leur secret, et les événemens aussi.

Mais, s'il faut beaucoup de moyens pour emporter, d'emblée, une conversion générale, il en faut peu pour entraîner quelques dupes, et tirer les traitans du plus mauvais pas.

A peine le cours aurait atteint 80, et quand même le délai ne serait pas révolu, toute leur spéculation se borne à écouler, insensiblement, la masse de rentes dont ils sont engorgés.

Et cependant, pour peu que la place ne soit pas trop vivement inondée, l'effervescence des esprits continue, jusqu'au moment où des banquiers, des capitalistes, découvrent le complot, ou se laissent tenter par les hauts prix.

La scène change pour lors. Chacun veut vendre; tout le monde veut vendre; et, de franc en franc, le cours se précipite, impatient de reprendre son à-plomb naturel. Hier encore, la rente était rare, et les écus surabondaient; aujourd'hui, il y a des rentes en toutes les mains, il n'y a d'écus dans aucunes.

La catastrophe est épouvantable et se répercute de proche en proche, de relation en relation, sur toute la surface du royaume.

Il faudrait s'en défier : il faudrait prémunir contre les dangers de cet entraînement, de cet enivrement, les victimes désignées à l'avance, qui se rendent trop souvent l'instrument de leur propre perte.

C'est le but de cet écrit, où les faits fournis par la nature des choses et l'expérience des temps, prêtent leur appui, ou plutôt servent de bases aux raisonnemens.

---

reproches et des répugnances. Dans cet état voisin du délire, l'éclair, précurseur décevant que ne devait pas suivre la foudre, a suffi pour accomplir le désastre : la peur a été aussi fatale qu'aurait été le mal même.

Le résultat en est connu : vingt millions de rentes déclassées ; et sur leur capital, une part moisissant en caisse ou se consumant en dépense, une autre part s'aventurant en prêts qui donneront des pertes ou en entreprises qui ne portent que du revenu ; si bien que la moitié des quatre cents millions n'est plus disponible et que l'autre moitié est indisposée contre les effets publics : c'est justement le montant du dernier emprunt, qui s'exile des domaines du crédit.

Mais rien ne corrige. Cette fois le bras de fer se cache ; on fait pate de velours. Il eût mieux valu débuter par la ruse ; peu de gens y sont pris quand elle prétend s'insinuer sous des tentes enorgueillies de la victoire.

Toutefois, le déclassement reprend quelqu'activité, puisque le cours fléchit, en dépit des efforts coincidents de toutes les caisses de l'état, de tout le crédit de banque : l'Anglais surtout y doit être entraîné, étant trop patriote pour ne pas préférer à 15 pour cent de différence, ses trois pour cent d'origine séculaire, à nos trois pour cent de création soudaine.

Il faut ajouter peut-être 200 millions, aux 400 millions éliminés du marché : et comme les 600 millions de l'indemnité, réduits en valeur réelle, sont prêts à tomber sur la place, au moyen des négociations anticipées, il faut porter à 1200 millions, le déficit du grand-livre, acquis depuis quinze mois.

Mais les chiffres ne comptent plus. Le monde hait, le crédit tremble, et c'est mille fois pis; l'intérêt même s'efface devant une passion plus expansive, plus extensive : tous ne font qu'un; il y de l'esprit de corps. Et sous les bannières de l'aversion et de la récalcitrance, il se crée enfin, chose étrange en France, comme une sorte de nation.

Si le ministre ne devait pas laisser aller le monde, le monde ne veut pas laisser aller le ministre : et le monde est doué de plus de force, surtout de plus de durée.

Les tables de *Sinclair* nous transmettent le cours des 3 pour 0/0 depuis 1730. Les phases en sont curieuses; ils jettent d'abord le plus vif éclat; de 1730 à 1744, on les voit long-temps au-dessus de 100, jamais au-dessous de 95. Quelque langueur survient pour lors jusqu'en 1750, où on les retrouve à la même hauteur, seulement pendant quatre ou cinq ans; et c'est pour ne plus l'atteindre avant ces dernières années.

Dans le cours naturel des choses, il n'existe donc point de causes certaines, de principe constant, qui tendent à élever graduellement et consécutivement le cours des effets publics, et à baisser proportionnellement l'intérêt des transactions privées; ou du moins ces causes sont comprimées et ce principe est amorti, avec une sorte apparente de régularité, par l'émission de telles et telles circonstances, fort différentes de nature et pourtant analogues dans leurs effets, dont les temps, toujours menaçans, accouchent d'un jour à l'autre.

A travers la complication des causes d'ascension

et des circonstances de dépression, il apparaît une loi générale, suivant laquelle le cours s'arrête et se fixe au terme apposé par le denier naturel de la contrée, ou y est ramené bientôt, lorsqu'il l'a dépassé dans un moment de fougue.

L'expérience d'un siècle démontre que cette loi commande souverainement en Angleterre au denier 33 1/3, en France, au denier 20; et dans ce moment, tous les faits, tous les présages annoncent le retour périodique de son empire.

Le mobile du jeu réside dans l'esprit de l'homme. La rente ne fait qu'offrir une matière appropriée à cet emploi : c'est comme une carte tirée au hasard sur laquelle est placée la mise. La fantaisie, la lassitude, la colère, suffisent pour faire passer du tel jeu à tel autre. Tous conviennent de même, pour peu qu'il y ait des chances; et celui-là convient mieux, où les chances sont plus vives.

Or, quand les effets publics se disposent à aborder le terme où la mémoire ne les a pas encore vus, où l'idée s'étonne de les voir, le champ manque aux rêves de l'espérance; et, comme la paix règne en ces temps, l'effervescence intestine des esprits rendus au calme, c'est-à-dire à l'ennui, brûle de se livrer aux tentations qui sont offertes de toutes parts. Ainsi à Londres, en 1719, à Paris, en 1720, par un mouvement presque simultané, la spéculation, abandonnant la rente sur l'état, se jette avidement sur les actions et les billets des compagnies de la mer du Sud et du Mississipi. De 1787 à 1790, la caisse d'escompte absorbe toutes les conceptions, accapare tous les capitaux, et laisse en stagnation le cours de la dette publique. Il paraît même qu'en Hollande, des éventualités physiques et politiques ont été prises pour point de mire par l'agiotage.

Ce phénomène se représente maintenant, avec un caractère encore plus prononcé.

Voyez à la bourse de Londres, en ce foyer du fluide électrique, d'où l'étincelle part et propage l'incendie de lieu en lieu; il y a fureur pour les emprunts et les mines de l'autre monde, lequel, émancipé par un coup du sort et composé d'élémens hostiles, ne peut se rasseoir, de sorte ou d'autre, qu'après une longue série de révolutions. Et de plus, sans mettre en ligne l'extension demesurée des fabriques dont un coup de canon porte la ruine, plusieurs milliards de capitaux sont appelés par des projets qui s'exercent dans toute la latitude de l'imagination.

Pour son compte, Paris pousse aux nues les actions de banque et de caisse, soupire pour le sel gemme, aspire à des canaux nouveaux, joue à terme sur les huiles et les eaux-de-vie, se met en croupe derrière sa rivale pour fouetter les denrées coloniales, et s'engloutit sous une masse de constructions, éparpillant des fonds jusqu'alors aglomérés, en nature de salaires qui doivent se confiner à l'entretien des familles.

Qu'on ne s'y trompe pas. C'est une ère nouvelle qui ne fait encore que s'entr'ouvrir, et le système des réductions travaille à élargir les voies, à précipiter le cours. En Angleterre, nul ne s'en plaint, et c'est parce que chacun s'en défie à l'avance : en France, l'aversion aggrave la défiance; l'excédant de capital ne tente que peu de gens, et ne les tentera plus après les premiers revers. Quand un intérêt contractuel a pu être réduit, on sent qu'à plus forte raison un capital inscrit par fiction doit être, quelque jour, ramené au chiffre réel.

Or, quant à leur influence dépressive sur les effets publics, il n'importe si ces entreprises divellentes donnent des profits ou des pertes. Dans tous les cas, le déficit qui en dérive influe au moment même : en cas de pertes, des capitaux sont détruits, dont le vide ne se comble qu'avec des épargnes; en cas de profits, des fonds colloqués ou flottans sont soutirés de plus en plus du marché de la bourse, par d'autres spéculations qui s'inventent à l'envi des premières. Si bien que l'échafaudage, trop exhaussé et trop surchargé, s'écroule enfin, écrasant et anéantissant sous ses ruines tant de richesses réelles qui se sont aventurées, et qu'il n'est donné qu'au temps de récréer.

La nature a-t-elle horreur du vide ? C'était jadis une grande et solennelle question. Il est plus aisé de prouver que l'habitude a horreur du vide spécial qu'opère brusquement la pompe fiscale entre l'intérêt à cinq et à quatre pour cent.

Deux classes de porteurs de rentes peuvent accepter la conversion. Il n'y a qu'un mot à dire sur la classe des capitalistes : vous les induisez à entrer dans les trois pour cent par l'appât de la hausse ; c'est les induire à en sortir aussitôt que la réalité viendra répondre aux espérances. Vous êtes quitte envers eux ; ils deviennent indépendans de vous ; ne comptez plus sur leur retour, à moins qu'il n'arrive une baisse désastreuse : l'effet est usé ; des emplois vierges tentent au dehors et au dedans. Songez seulement à fabriquer des épaules d'Atlas, au ministre sur qui va se précipiter soudainement ce fardeau, un instant soulevé avec tant de peine et de ruse.

L'autre classe ne s'y résout que dans la crainte du remboursement ; elle le craint parce qu'au moment le plus inattendu, trois milliards peuvent tomber sur le marché des emplois, qui doit se resserrer dans la même proportion ; elle ne le craindra plus, quand les bons et loyaux offices du temps auront à la fois élargi les anciens débouchés et frayé des voies nouvelles.

Or au cours de 75, son capital lui est restitué, capital payable en la même somme monétaire, mais échangeable dans un rapport plus avantageux, contre des valeurs effectives et productives; et même les conditions d'échange vont probablement s'améliorer; de sorte qu'en réalisant à 69 ou à 66, l'opération sera plus profitable qu'en recevant maintenant le prix de 5 pour 0/0 au pair.

Ici l'entraînement irrésistible de l'habitude commence à exercer son empire.

Les gens qui prétendent nous inoculer les 5 pour 0/0, ignorent qu'ils ont germé spontanément chez nos voisins, aux premiers rayons du crédit, et qu'ils s'y sont implantés aussitôt par une persistance de quinze années, au-dessus du cours de 95 ; c'est un fruit indigène au climat de l'Angleterre, dont la tige s'étiolerait dans nos serres chaudes.

Excepté sous le système de Law, où l'intérêt judiciaire fut fixé à 2, puis à 3 pour 0/0, la France n'a jamais connu légalement, amiablement et bursalement, que le taux de 5 pour 0/0; au-dessu il est question d'usure; au-dessous il semble que ce ne soit pas un intérêt sortable.

Avant la révolution, la masse des capitaux quoiqu'intrinsèquement plus faible, excédait davantage la somme corrélative des emplois; de sorte que toute personne bien famée était à même de se procurer, à l'instant requis et sur simple billet, des centaines de mille francs; et malgré une telle surabondance, le taux restait toujours au denier 20.

La demande était-elle suspendue, les fonds demeuraient en caisse : le capitaliste se comportait pour le loyer de ses écus, comme le propriétaire pour le loyer de sa maison. Or la force d'inertie l'emporte à la longue; lorsque le tiers ou le quart des fonds afférens à tel emploi, se retire et se recèle, il s'ensuit un déficit qui ne peut se couvrir que par l'attrait d'une prime plus élevée.

Il en arrivera ainsi aux décevants 5 pour 0/0. Les rentiers à revenu, n'y seront entrés que par crainte et avec répugnance; pendant un certain temps, ils s'obstineront à retrouver leur capital monétaire et attendront pour vendre au-dessous de 75, que les conditions d'échange se soient améliorées.

Mais insensiblement le *calus* se forme; l'attente est désappointée et la réalité reprend toute son influence. C'est comme dans une faillite, où après avoir laissé s'écorner son gage, à force de lenteurs, on se résout à accepter 75 pour 0/0, donnant quittance de l'excédant au débiteur qui ne peut ou ne veut se libérer en entier; et ne tenant nul compte des promesses éventuelles qui sont surtout prodiguées par la mauvaise foi.

Ainsi s'évanouissent successivement les deux fictions artificieusement combinées, à l'effet de voiler la honteuse nudité des 3 pour 0/0; l'une qui se fonde sur un paroxisme de la fièvre à la hausse pour élever leur cours de 75 à 90 et à 100; l'autre qui n'est assise que sur un acte de bon plaisir du ministre, pour substituer le denier 25 au denier 20.

Le rentier lit à tête reposée le nouveau titre qui lui fut remis; il passe légèrement sur l'énonciation gratuite du capital, et n'est frappé que de l'expression du revenu effectif. Les deux semestres de l'année lui rapportent 3,000 francs, qui donnent un capital de 60,000 francs; c'est autour de ce pivot que se basent ses combinaisons: tout l'y ramène, et le souvenir des temps passés, et le taux actuel des transactions.

Cette inscriptiou décorée du timbre des 3 pour 0/0, ne se représente plus à son idée que sous le type des 5 pour 0/0 ou des 4 pour 80 ou des 3 pour 60: le ministre chiffre à sa fantaisie; le barême du rentier est dicté par la nature des choses.

Aurait-il conservé des regrets d'une perte maintenant consommée, il n'en est que plus ardent pour vendre au-dessus du pair de 60, afin de se récupérer en rachetant à plus bas prix. Se serait-il jeté avec fureur sur les fonds nouvellement créés, ses espoirs vont se tourner en craintes, et la honte, la colère le pressent d'autant plus de s'échapper du gouffre.

Et dans tout ceci il n'est fait état ni des apparences de guerre ou de troubles qui pousseraient la totalité des 3 pour 0/0 sur la place, jusqu'au taux de 45, ni des entreprises hasardées que tant de charlatans feront valoir, où tant de badauds se laisseront prendre, ni même de cette rareté du numéraire, qui par des causes souvent opposées, se fait sentir à des intervalles presque réguliers.

Les détracteurs du ministre sont impitoyables ; comment se fait-il que la haine puisse aveugler ainsi les meilleurs esprits ? il semble voir les furies poursuivant sans relâche le misérable Oreste, qui cédant à l'égarement de ses visions, n'eut d'autre tort après tout, que de déchirer le sein dont il fut nourri.

Leur erreur est grande : le ministre n'est pas toujours à reprendre ; souvent même il se contredit avec le plus éclatant succès. Sa prévision pénètre aux ténèbres de l'avenir ; des inspirations tenant du sublime, lui échappent à la tribune : seulement c'est à nous d'en tirer des conclusions légitimes ; ce soin ne le regarde pas.

Ainsi l'axiome le plus incontestable a été émis maintes fois par sa bouche et se voit proclamé jusqu'à satiété par ses presses : « *Le cours des fonds publics a atteint son apogée ; l'essor du crédit est arrêté.* »

Ne semble-t-il pas que ce soit le thême original sur lequel un esprit aussi juste que profond, a composé cette paraphrase qui donne tant à réfléchir. (Séance des Pairs du 16 avril.)

« Les bases du crédit ne sont pas les mêmes pour tous les états ; elles varient suivant leur position et la nature de leurs ressources. Le crédit des états commerciaux, lorsqu'il repose sur des capitaux réels, sur des richesses acquises, est actif et brillant ; il enfante des prodiges. Le crédit qui s'appuie sur le sol a moins d'éclat, mais il est plus solide ; et c'est dans cette dernière classe que se range celui de la France. C'est le crédit commercial qui a permis à la Hollande, à l'Angleterre et à d'autres états moins puissans, d'emprunter et de prêter leurs capitaux à 3 pour cent et même à 2 pour cent : mais le crédit territorial de la France exige un intérêt plus en harmonie avec l'intérêt usité dans les transactions ordinaires, avec la nature d'une richesse publique qui se compose bien plus encore des revenus d'un sol fertile que des capitaux accumulés par l'industrie. »

Or cette dernière idée renferme tout le secret du vrai système des finances pour le royaume, ou plutôt délivre à jamais ses finances et de tout secret et de tout système ; car les sources de la richesse publique, naissant à ciel ouvert et coulant goutte à goutte, il n'y a moyen ni d'en forcer ni d'en voiler le cours.

Votre malheur a voulu que le ministre ait abandonné ici son principe et soit resté insensible à cette harmonie préétablie, entre l'intérêt des effets publics et l'intérêt des transactions civiles.

En France, la richesse territoriale doit s'élever à soixante milliards, au triple environ de la richesse mobilière, avec laquelle elle ne se trouve en contact que dans l'état de mutation, dans le transit opéré par l'intermède des écus : ce qui présente, quant à son cours naturel, un phénomène, une phase accidentelle.

Au contraire, la richesse mobilière, véritable Protée qui change de forme à chaque instant, circule à la manière d'un fluide, entre tous ses emplois et s'épand de bord ou d'autre, en raison des profits : elle comprend le capital de l'industrie agricole et commerciale, et le capital des contrats de prêts aux particuliers ou à l'état.

Entre les deux portions du capital contractuel, dont chacune monte peut-être à trois milliards, l'équilibre s'établit instantanément, de manière que la puissance tendante à baisser l'intérêt des effets publics, se mesure d'abord contre une masse de six milliards.

Dans ce travail, sa force se dépense et son élan s'amortit en quelque degré : et c'est avec des moyens aussi atténués, qu'il lui faut entrer en lutte avec le capital industriel ; lutte qui continue, tant que les profits de ce capital ne sont pas abaissés au nouveau taux de l'intérêt des contrats.

Aussitôt que la rente est menacée de réduction et même après qu'elle l'aurait subie, le mouvement de déclassement s'opère, d'abord en faveur des fabriques et des bâtisses, ensuite des entreprises rurales, ainsi que l'expérience le prouve déjà.

Pour lors, le poids à soulever est quintuple en intensité, du mobile à qui l'impulsion fut imprimée d'abord. On peut en conclure quelle est la somme des résistances, quelle est la déperdition des forces. Et ce n'est pas le lieu d'exposer comment dans ces tentatives hasardeuses, il se détruit une quantité de fonds, dont le vide affecte l'économie de la richesse nationale.

Cependant l'œuvre est-elle couronnée du succès; et la masse confondue de vingt millions de capitaux, ne porte-t-elle plus, qu'un profit annuel de huit cents millions au lieu d'un milliard? peut-être ce n'est pas un grand bienfait pour l'état; et en tous cas, le projet n'est point encore parvenu à ses fins.

La richesse mobilière, impatiente du joug et mécontente des pertes, jette un pont d'or, pour tenter la richesse foncière et envahir sur son domaine. D'abord quelques enfans perdus se laissent séduire, puis des pères de nombreuses familles ou des gens chargés de dettes, puis des turbulents de province et des parvenus de révolution.

Cette fois encore, il faut que le niveau se prenne et se fixe, entre le capital mobilier de vingt milliards et le tiers environ des fonds immeubles, désormais mobilisés, qui montent à la même somme.

Et dans ces échanges de deux valeurs de sorte hétérogène, qui passent soudain et se promènent long-temps entre des mains inexpertes, on ne saurait dire, combien le travail agricole est dérouté et son produit desséché, combien surtout le capital reçu en paiement, est sujet à se dilapider en dépenses, à se consumer en spéculations: d'où il arrive que la richesse publique doublement amoindrie et dans la masse de ses capitaux et dans les sources de son revenu, devient incapable, de soutenir le taux d'intérêt naturel à la contrée.

Avant de se jeter dans une opération dont le succès exige une affluence progressive de capitaux, il eût été convenable de rechercher comment ils se forment, comment ils augmentent ou diminuent.

La Hollande et l'Angleterre nous apprennent, chacun par sa leçon, que les épargnes et les profits offrent tour à tour les élémens de leur composition, avec cette différence que les profits qui s'amoncèlent vivement sont souvent suivis de pertes dont la masse subit le prélèvement, tandis que les épargnes plus lentes à s'accumuler n'éprouvent dans leur marche que des retards ou des revers bientôt compensés.

On conçoit généralement que les profits de quelque importance proviennent des entreprises industrielles ou commerciales, les retours fournis par l'agriculture n'excédant guère l'intérêt des fonds qui s'y appliquent. Mais on semble ignorer que les épargnes même ne s'opèrent avec un certain degré d'extension, que sur le revenu des grandes fortunes foncières et mobilières, les économies faites dans les situations moyennes se confinant à des améliorations successives, et s'aventurant rarement au dehors de leur sphère.

Ce n'est même qu'en Angleterre, où l'esprit national, s'insinuant jusqu'au sein des riches propriétaires, les soumet à verser leur tribut d'épargnes dans l'océan de ses capitaux. Et il faut se féliciter de ce que la France n'est point disposée à suivre un tel exemple ; car toute somme, soustraite du revenu foncier et agglomérée en capital, ne retourne qu'après du temps, à l'œuvre d'entretenir et d'accroître la quantité de travail sur lequel repose l'existence des peuples.

Ainsi, dans les contrées essentiellement agricoles, les capitaux ne se forment point en grande masse, attendu que les profits y sont faibles et les épargnes rares, et ne se conservent point pendant une longue durée, attendu que la culture toujours altérée et les fabriques encore arriérées les attirent devers des emplois où ils se fondent en salaires.

En thèse générale, c'est un rêve insensé que de prétendre élever le denier de la dette publique au même taux, en France et en Angleterre.

Et jamais les circonstances n'ont été plus défavorables au succès de ce projet. L'aspect de Paris trompe; tous les capitaux de la France y sont entassés ; mais c'est une cause de décadence pour la richesse publique plutôt qu'un signe de prospérité: enlevés au travail productif, dont émanent le revenu et les épargnes, ce ne sont plus que des capitaux de main-morte.

Il semble de cet état voisin de l'agonie, où les extrémités, peu à peu privées du sang vital, se glacent et se paralysent, tandis que les viscères intérieurs sont engorgés de plus en plus, prêts à déchirer leurs enveloppes.

Examinons plutôt l'état général du royaume.

C'est à peine s'il faut compter dans les élémens de sa richesse publique les profits de la fabrique et du commerce : cinq millions d'hommes seulement en tirent l'existence. A 200 francs par tête, ce serait un milliard pour le produit brut, dont le travail retire une forte part; le bénéfice ne dépasse pas 400 millions, et on doit observer que, dans une industrie naissante, la plus forte part des profits s'emploie à son accroissement.

Vingt-cinq millions d'hommes, tant producteurs qu'improducteurs, sont comme implantés sur le sol et subsistent de l'agriculture. A 150 francs par tête, ce serait près de 4 milliards pour le produit brut. Sur cette somme, 2 milliards représentent les profits de l'exploitation, dont les trois quarts se dispersent en salaires. Le bénéfice, y compris le loyer des capitaux, peut monter à 500 millions.

L'autre moitié du produit brut de la terre constitue la rente ou le revenu des propriétaires, sur laquelle il n'y a point à prélever de salaire pour les producteurs; elle s'élève à 2 milliards environ.

Mais ce calcul est fondé sur un taux favorable des prix de la production rurale. Si ces prix sont avilis comme à cette heure, et surtout s'ils le sont depuis des années, les travailleurs n'en subissant pas l'atteinte, toute la perte retombe immédiatement sur le bénéfice des fermiers et successivement sur la rente des propriétaires.

D'une part, la dépréciation des prix sur 4 milliards de produit brut agit presque en proportion double, lorsqu'elle porte seulement sur les 2 milliards 500 millions du bénéfice et du revenu; d'une autre, la cote de l'impôt restant au même chiffre attaque dans une plus forte raison cette somme réduite à un chiffre moindre.

Dans cette position, la France est bien éloignée de jeter des épargnes qui viennent en addition aux capitaux; au contraire, comme les habitudes de vie se rompent difficilement, il s'opère des prélèvemens sur le capital personnel, pour remplir le déficit existant entre le revenu et la dépense; sans quoi, la circulation annuelle se resserrant, il y aurait une diminution dans la quantité du travail, dans la somme des produits.

Un tel état de choses s'aggrave en s'invétérant;

chaque année, le déficit, en le supposant semblable, exige des prélèvemens de plus en plus ruineux, en raison de la réduction successive du capital : et le déficit tend à s'augmenter, car le fonds d'exploitation, peu à peu entamé, doit porter moins de fruits.

Le remède ne peut être offert que par l'advenance des mauvaises récoltes, dont l'effet est de relever les prix. Mais, à l'égard de la masse des capitaux, le remède serait plus fâcheux que le mal, au moins dans les premiers temps.

Supposez que chaque homme consomme 100 f. en subsistance; trente millions d'hommes consommeront 3 milliards. Si ce prix augmente d'un tiers, si l'hectolitre de froment s'élève de 15 à 20 fr., la consommation générale montera à 4 milliards; et, comme les besoins ne peuvent se satisfaire par la voie des échanges, ni se remplir sur les lieux mêmes et au moment requis, il faudra un fonds circulant de 500 millions et plus, pour les opérations d'achat et de transport, sans parler des spéculations qu'enfante toujours la hausse.

Or ce fonds excédant sera soustrait de la masse des capitaux maintenant stagnans ou flottans sur la place de Paris.

C'EST chose trop heureuse, que Buonaparte ne se soit pas mis en tête de faire du crédit, de battre monnaie en papier, de livrer sa parole pour article d'Evangile : il en eût été comme de la pointe sur Moscou : des succès enivrans, des rêves décevans ; et puis, l'armée en déroute, les villes en feu, le pays sous les glaces.

Le crédit a son Kremlin. Revêtu d'armes pesantes, il fait retraite en bon ordre devant les bandes pillardes qui le harcèlent : parfois elles le débordent sur ses flancs, le tournent par derrière, le tiennent en état de blocus ; mais il faudrait emporter la place d'assaut ; et c'est au moment même où les échelles se dressent contre les murailles, que le bataillon carré s'ébranle et charge les maraudeurs éparpillés, dont les bagages embarrassent la fuite.

Or, le ministre marche droit au Kremlin. Les revers en Espagne avaient irrité et exaspéré le dominateur des trônes ; tant de honte ne pouvait se laver que dans des flots de sang : les succès en Espagne excitent, enflamment le dictateur des Chambres ; tant de gloire ne saurait être affrontée par un revers.

Les feintes apparences du moment voilent les réminiscences du passé. A l'avénement du ministre, les fonds étaient fermes à 90 ; sous ses auspices, d'abord malencontreux, ils baissent, et mettent près d'un an à se relever devers le même prix : la guerre se déclare ; le cours descend jusqu'à 78 et 76, attendant pendant trois mois le coup de canon qui devait assurer le pavillon du crédit.

Mais combien de personnes sont sorties de la rente pendant l'intervalle ; combien de capitaux disposés à y entrer, se sont accumulés dans les caisses? Avec ces loyaux auxiliaires de la hausse, il y a de quoi organiser une armée. Quel en sera le chef?

Il s'en présentera, gardez-vous d'en douter.

Et tel qu'il soit, la victoire est acquise aux drapeaux qu'il guide.

La troupe dorée s'élance, disons mieux, elle se précipite ; chacun tremble que les palmes ne s'épuisent enfin. Il n'y a qu'un moment d'arrêt, et c'est pour ouvrir les rangs à un nouveau corps d'alliés : la force et l'ardeur s'accroissent par leur jonction; comme aux beaux jours de 1818, on voit dans la lice de l'agiotage éclater toute la *furia francese.*

Le moment est venu, s'écrient les conseillers du trône. *La rente serait à 110 et 115, si les projets n'étaient connus.* (Séance du 5 avril 1824). *La rente allait atteindre 120 francs* (*Moniteur* du 25 mai 1825).

Or, ces pronostics successifs du ministre de 1824 et 1825 ne seraient-ils pas aussi hasardés que ceux du ministre de 1818? Après la guerre, et dans les prix de 90, les rentiers sortis rentraient, et les capitaux accumulés se plaçaient, tandis que, depuis un an et pour de longues années, chaque franc de hausse déclasse des vieux rentiers et repousse des capitaux nouveaux.

Ainsi que tout autre marché, le marché de la bourse requiert l'emploi d'une certaine quotité de fonds, en raison combinée de la masse et du prix des effets mis en circulation.

Qu'il vienne dans l'idée à quelque commis ou à quelque ministre d'altérer le rapport du pair nominal avec l'intérêt réel, cela peut influer sur les écritures, mais nullement quant aux transactions : dans les comptés courans de la richesse publique, il n'est fait état que du denier de vente, c'est-à-dire du capital variable payé pour tel revenu fixe :

la toute-puissance des nombres s'évanouit au contact des espèces ayant poids.

Notre dette publique, montant à 100 millions de rentes, terme moyen, est restée pendant long-temps au denier douze, n'absorbant ainsi qu'un capital de 1,200 millions ; et, depuis un an, sa portion mobile ou vénale, montant à 125 millions environ, se tient au denier vingt, commandant un emploi de deux milliards et demi. L'augmentation du capital est de 1,300 millions.

Cependant, au taux d'échange de 75, les 125 millions 5 pour 0/0 fourniraient 100 millions 3 p. 0/0 ; lesquels au denier vingt-cinq consomment un semblable capital de deux milliards et demi ; au denier trente, un capital de trois milliards ; enfin, au denier trente-trois un tiers ou au soi-disant pair, un capital de trois milliards 330 millions.

Et les faiseurs de calcul prenant la plume et supputant l'excédant de 1,300 millions de capital acquis au profit de la dette publique de 1818 à 1824, s'imaginent qu'un excédant de 500 ou même de 830 millions sera bientôt conquis en sa faveur sur la masse de la richesse nationale.

Mais, avant qu'un excédant se forme, il faut que le déficit se remplisse : et on a vu que les fonds échappés de la rente, que les fonds soutirés par l'indemnité, devaient déterminer sous peu de temps un déficit de 1,200 millions sur la place de Paris. Les capitaux afférens à la Bourse sont d'abord appelés à le couvrir : de sorte qu'un excédant de 500 millions seulement ne peut se réaliser que par un nouvel emploi de 1,700 millions.

En ne traitant que la question des chiffres, la somme nominale est plus élevée de 400 millions; et, en outre, le revenu territorial, qui monte au quintuple des profits industriels, se trouve maintenant en état de dégradation, au lieu que ses retours avaient été considérables, par l'effet des hauts prix de la production rurale de 1816 à 1820.

Mais il n'y a pas que des chiffres dans la société humaine. C'est surtout au parquet de la Bourse, que s'exercent et dominent les influences morales : et le doublement du capital de la dette publique, opéré avant 1825, qui ne saurait s'expliquer par l'accroît corrélatif des capitaux, rencontre sa solution dans l'état progressif de la sécurité des esprits.

En 1818 et 1816 même. si les capitaux existans avaient été libres de prendre leur niveau naturel, abstraction faite des circonstances politiques, il s'en serait déversé assez sur la rente, pour l'élever et la soutenir de 70 à 80; aussitôt que le temps a raffermi la foi, leur cours s'est précipité dans ses canaux jusqu'alors obstrués.

Il faut observer de plus que l'instinct inné des

capitaux s'effarouche et s'inquiète d'un taux exorbitant d'intérêts, qui le plus souvent ne s'offre qu'en compensation des risques : les transactions bursales, en se rapprochant du cours des transactions civiles, ont attiré une quantité de fonds, qui étaient séquestrés en caisse, ou dirigés vers d'autres fins. Et c'est en abordant le pair du denier vingt, que la rente devait, ainsi qu'autrefois, se classer à titre d'immeuble, se transmettre par la voie d'hérédité, *si le ministre avait laissé aller le monde comme il voulait aller.*

Telles sont les causes qui ont déterminé l'affluence d'un capital double sur le marché des rentes et forcé leur ascension dans une proportion supérieure à celle des autres états.

En Angleterre, dans le courant de 1817, les 3 pour cent sont portés de 60 à 80, retombent presqu'au terme du départ pendant 2 ans et se reposent de 1821 à 1824, devers 80 : en sorte que huit années de paix les ont élevés seulement de 33 pour cent.

Sur tout le continent, le même espace de temps n'a fait hausser les 5 pour cent que de 60 et 70, à 90 et 100, dans le rapport de 50 pour cent.

Tandis qu'en France, de 1818 à 1824, entre le capital de 100 millions de rentes au cours de 60 et celui de 125 millions au cours de 100, il y a une augmentation de 110 pour cent.

Maintenant, ces causes accidentelles ont accompli leur cours ou même agissent en sens inverse.

FIN.

PARIS, DE L'IMPRIMERIE D'A. ÉGRON.

DES
TROIS POUR CENT.

SECOND APERÇU.

Noli me tangere.

PARIS,
A. ÉGRON, IMPRIMEUR-LIBRAIRE,
RUE DES NOYERS, N° 37;
PONTHIEU, LIBRAIRE, AU PALAIS ROYAL.
1825.

Il n'y a pas même de question.

« Mes chers Messieurs, vous plairait-il faire l'abandon d'un cinquième net de votre revenu, au moyen de quoi il vous sera loisible, avant peu, d'aliéner le capital avec un cinquième de perte. »

Mon bon seigneur, cette vie n'est qu'un provisoire : il faut le mener aussi loin qu'il se peut : nous restons *in statu quo ;* nous gardons notre revenu intact.

Avant cent ans, y aurait-il moyen de nous rembourser? L'emprunt ne se ferait jamais au-dessous de 4 pour 100; et ce serait chose impossible, loyalement, pudiquement, fiscalement même, de ne pas accepter le rentier pour prêteur, de ne pas lui proposer la conversion à 75.

Or, d'ici là, le 1 pour 100 sauvé sur le revenu se sera doublé, quadruplé, se sera capitalisé peut-être par la puissance de l'intérêt composé.

Mais quand et comment nous rembourser?. Suivant le sens de vos paroles, le terme est éloigné et indéfini; suivant le cours des choses, des obstacles dirimans doivent survenir; suivant l'oracle des temps, nul ministre n'est éternel.

A quel prix les milliards se donneraient-ils? L'emprunt de 420 millions, en 1823, n'a été contracté à 6 pour 100 que sur la foi de vos décevans projets : celui de 570 millions, en 1824, n'était consenti à 4 pour 100 qu'au moyen d'une prime au comptant et d'une hausse en perspective.

Et la baisse de l'intérêt gît dans le vague des limbes, tant qu'à votre signal un monde nouveau n'aura pas jailli du chaos.

En attendant, par un effet de votre grâce, l'amortissement nous est garanti au-dessous du pair : ce qui advenant, laisserait retomber les 3 pour 100 à plat, suivant les lois de la gravité.

Puis votre tendresse paternelle s'est époumonée à exposer en bons termes les périls du jeu, apparemment pour nous prémunir contre les 3 pour 100, dont tout l'attrait est à la hausse et à la baisse.

Nous ne voulons pas jouer : jouez pour nous,

plutôt; vous avez la main heureuse : nous ne bougeons pas de notre case; jetez les dés. *Beset* retourne. Quel mal y a-t-il donc que la banque saute?

Rien n'étonnerait moins. Les armées sont en présence; passons la revue.

D'un bord, les vieilles bandes de France, au pas tranquille et lent, au dos courbé sous le havresac; de l'autre, les pandours de Gascogne, portant le nez au vent, vêtus à la sans-culotte.

Qu'il survienne malheur ou peur; que le chef tombe seulement: les conscrits prennent la déroute; sauve qui peut. Et point de refuge; le pont-levis est pourri.

Quant aux bandes, elles sont éprouvées : un échec les rallie, le pays leur prête main-forte.

Soyons de sang-froid, monseigneur. Vous ne cautionnez pas, sur votre tête, nos 5 pour 100 au pair : eh bien, tombent-ils à 95, seulement à 97, la magie blanche est dévoilée, les 5 pour 100 se précipitent à 60 et au-dessous.

Le jeu est beau, et, de plus, il ne faut pas de mise. Nous jouons, cette fois; nous vendons du 5 pour acheter du 3 : il y a un gros bénéfice en capital effectif, et le mince déchet sur le revenu se compense justement avec l'énorme excédant en capital nominal.

Mais, applaudissez donc : nous avons suivi vos conseils ; votre parole a porté son fruit.

« On voudra bien se rappeler qu'il y a beaucoup de bon sens dans notre pays ; nous avons confiance dans cette rectitude de l'opinion, et nous nous en rapportons à elle pour faire justice...... Un autre auxiliaire, c'est l'intérêt privé ; nous savons très-bien qu'il nous secondera. Chaque rentier est là pour faire son calcul ; et soyez sûr qu'il le fera suivant son grand intérêt. Nous ne demandons pas autre chose..... »

« Eh bien, nous nous en rapportons à *ces deux grands juges*, de l'opinion éclairée, impartiale, d'une part, et de l'intérêt particulier, de l'autre. » (*Moniteur* du 19 mai 1825, page 787.)

La belle pensée ! le beau langage ! Voilà deux grands juges installés de votre façon : comment en appeler ? Monseigneur, subissez l'arrêt.

Versailles, 2 juillet 1825.

DES

TROIS POUR CENT.

Qu'y avait-il à faire? Laisser aller les cœurs, les esprits, les choses; laisser la France se royaliser par les effets lents, mais certains du temps, du calme, du bien-être, de l'amour surtout.

Pour lors la plume serait tombée des mains; ou plutôt il n'eût été tracé qu'une seule ligne, où le glorieux mortel, instrument prédestiné de la Providence, aurait eu sa digne part au tribut d'actions de grâces.

Et qu'a t-on fait? il faut frémir en y pensant; il faut se débattre douloureusement entre le regret de ces temps riches des plus doux présages, et l'effroi de cet avenir gros de la crise la plus funeste.

Nous fuyons devant le triomphe; nous marchons vers la ruine : les yeux se ferment à la lucur des éclairs; la foudre les ouvrira, trop tard, trop tôt.

Mais il n'est question, ici, que des systèmes de crédit, que des lois sur la dette publique; car de nos jours, on prétend faire du crédit avec des systèmes et se défaire de sa dette avec des lois.

Veut-on apprendre comment les affaires ont été conduites à cet égard? qu'il soit fait une enquête sur les suites du déclassement, opéré lors du premier projet. L'œuvre est facile : il n'est besoin d'interpeller les victimes. Les cabinets des receveurs des rentes qui tournent en déserts, les boutiques qui s'étouffent, les bâtisses qui se croisent, et les prêts qui courent les aventures, et les fonds qui se cachent en quelques réduits : tout ne parle-t-il pas?

Réglez le bilan de chacun à un ou deux ans de date; vous n'obtiendrez pour balance que douleur et misère; car ce sont les petits et moyens rentiers que la terreur a frappés, que la prévision n'a pas servis; timides et frêles existences, menacées de périr à chaque altération un peu brusque de l'économie sociale, également foulées et brisées dans ses mouvemens d'ascension et de dépression; à qui la loi devait se dévouer et qui n'ont plus qu'à se retirer devers la Povidence.

Voilà l'acte d'une pensée, voilà l'œuvre d'un projet; et le ministre n'a pas été rendu responsable d'une telle déperdition de capitaux, d'une telle désaffection des esprits! et l'année de deuil n'est pas écoulée, qu'il a déjà repris, en toute sécurité, ses fatales brisées!

Toutes choses sont mal entendues en France. Les formes anciennes éprouvent une métamorphose; il est dressé un simulacre de gouvernement représentatif: « Tombez à genoux, badauds, s'écrie la voix de stentor; et surtout ne levez pas les yeux. »

Ainsi le trône a voilé sa lumière tutélaire et la loi perce à peine à travers les ténèbres. Qu'est-ce donc qui resplendit? au lieu du fanal qui éclairait, c'est la torche qui incendie. Le ministère apparaît seul. Quel qu'il soit, malheur à nous, malheur à lui.

Sans les moeurs point de lois; hors la règle, point d'ordre. L'Angleterre nous a prêté son système; elle nous en dicte les conditions. Le ministre déclare la guerre; les chambres fournissent les moyens: s'est-il avancé à l'aveugle! leur adhésion lui est-elle refusée? sa tête ou sa place répond.

Le ministre pelotte avec le crédit, rature des contrats, trahit des attentes, brise des habitudes; la peur gagne et le désastre s'accomplit. Si les Chambres adoptent, il jouit du bill d'indemnité: si non, c'était à lui de s'enquérir; c'est à lui de subir.

En France le contraire a lieu. L'an dernier, le plan avorte ; et le ministre n'en est que plus hardi, plus entreprenant.

Il foule aux pieds ses ennemis vaincus.

Cette année, le plan est sanctionné : et les fauteuils sont ébranlés, la table craque ; quelque malaise agite les têtes, peut-être les consciences.

Franchissons six semaines : le plan a réussi ; la conversion est générale ; les mécréants sont abandonnés au remords. Quelle joie dans le camp !.... Il y a de quoi trembler plutôt : un nouvel étage est construit sur ces murs encore mal rassis et vous enlevez une part des étais : tous vos locataires vont s'enfuir.

Le 3 pour 100 sera-t-il laissé en paix ? l'ennui gagne, l'espoir est déçu ; celui-ci s'échappe, puis celui-là. Le capital chiffré s'abaisse au niveau de l'intérêt compté.

Le 3 pour 100 doit-il être fouetté de main de maître ? rien ne l'arrête ; aux champs de l'idéal, il n'y a point de limites. Dites votre taux, 80, 85 ; il y est rendu. Mais de quel fardeau ne s'est-il pas chargé chemin faisant ? Au point culminant, la mécanique fléchit ; et ses ressorts fatigués d'une tension excessive s'aplatissent.

Le ministre a tout bravé : la débâcle l'emporte.

Je n'ai fait que passer, il n'était déjà plus.

Un homme domine,

> Du droit qu'un esprit vaste et ferme en ses desseins
> A sur l'esprit grossier des vulgaires humains.

Il domine le monde : combien de charlatans y ont réussi ! Se domine-t-il lui-même? Nul philosophe n'y est encore parvenu.

L'homme trompe, une fois, dix fois, cent fois : n'ouvrez pas la bouche ; vous n'obtiendriez de lui que des réponses évasives et dilatoires. Attendez plutôt. Les sources du vrai bouillonnent sous le roc de la conscience, et se font jour enfin à travers l'encombrement des mensonges. L'homme s'est trahi ; saisissez-le sur l'heure, garottez-le ; vous possédez tous ses secrets, vous connaissez ses erremens futurs, mieux qu'il ne les connaît lui-même.

Mais laissons les généralités, et descendons au niveau des circonstances.

Le ministre a trop parlé : ses souteneurs s'en plaignent hautement. C'est le sort des commentateurs, d'être diffus et redondans. Platon n'est-il pas enseveli sous une montagne de volumes?

Or, le ministre n'est point créateur. En 1824, l'esprit qui lui soufflait la leçon, s'est dévoilé par un écrit remarquable, où se trouve le cachet de la conception primitive. En 1825, l'influence n'est plus la même, et l'ascendant est le même : en colportant le nouveau projet, de tribune en tribune, le gardien du trésor se fait courtier de banque : les Chambres se portent pour cautions ; les peuples paieront l'escompte.

Néanmoins le ministre a quelque idée à lui, quelque maxime ou quelque manie, suivant qu'il plaira de la dénommer ; et comment ne viendrait-elle pas à s'échapper d'une langue en mouvement perpétuel ? Pour la discerner à travers tout ce fatras d'emprunt, voici la pierre de touche.

Une idée ne peut-elle advenir à aucun autre, cette idée lui appartient : une phrase n'a-t-elle pu être dictée par personne, cette phrase lui est inspirée. C'était à ces caractères mêmes que se faisaient reconnaître les oracles de l'antre de Trophonius.

Et voici l'idée, voici la phrase, à moins que le Moniteur ne se soit trompé.

« *Séance des Pairs, du 12 avril 1825.*

« C'est une erreur. Il est bien vrai qu'en émettant une somme de 30 millions de rentes, on ajoute cette somme aux charges des contribuables, ou du moins on les prive d'un dégrèvement égal qu'on aurait pu leur accorder; mais l'émission de ces rentes donne *au même instant* aux indemnisés un capital *d'un milliard* qu'ils peuvent *réaliser* à leur gré, et qui augmente la masse de la richesse publique dans *une proportion bien supérieure* à celle de la charge qu'impose le service des intérêts. Le ministre n'ignore pas tout ce qu'on peut dire contre cette assertion; mais si elle n'est pas exacte, comment expliquer *cette multiplication* des capitaux, cet accroissement *prodigieux* de la prospérité depuis l'époque où nous sommes entrés dans la route du crédit, depuis le moment où nous avons commencé à faire usage de ce *moyen puissant*, qui a porté à un si haut degré la richesse et l'industrie d'une nation voisine?

L'absurde ne s'était pas encore épanché aussi largement; il fallait bien que le trop plein de l'outre fût évacué. A peine est-il décent d'en dire deux mots.

C'est un milliard qui se réalise à l'instant! Un milliard qui ne pèse que 600 millions! Les indemnisés n'ont pas soufflé ceci.

Plus loin, c'est un papier qui augmente la masse de la richesse publique : jadis, c'était le travail; mais ses fruits sont trop lents à mûrir. Les économistes mêmes n'ont pas soufflé cela.

Puis, c'est le crédit qui explique la multiplication des capitaux, qui opère la prodigieuse prospérité. Quant au retour de l'ordre et de la paix, le ministre n'en tient compte. Les royalistes ne l'ont pas soufflé.

Enfin, le crédit est le moyen qui a porté à un si haut degré la richesse de l'Angleterre. Il fallait dire plutôt : la richesse nationale est le moyen qui a porté à un si haut degré le crédit de l'Angleterre. Un fatal quiproquo a fait prendre l'effet pour la cause. Smith et Pitt ne l'ont pas soufflé.

En mes heureuses mains le papier devient or.

Voilà sa devise, et voici celle de Sully : *Labourage et pacage, sont les mamelles de la France.*

Le sort en est jeté. Au moyen d'une allonge en papier, aux 600 millions de l'indemnité, et d'une autre allonge de même sorte, aux trois milliards du grand-livre, tout-à-coup la richesse publique se voit augmentée dans *une proportion bien supérieure* : c'est reconnu.

On ne peut s'arrêter en si belle route ; bon ou mauvais, le gîte n'est pas loin. Défiez-vous donc : le génie rumine *in petto ;* il couve du neuf.

Dejà quelques jalons ont été plantés de droite et de gauche, à travers les immenses stèpes du crédit. « Pour l'armée et la marine, pour les places et les routes, quels inconvéniens y aurait-il donc à faire un usage modéré du crédit? » Telle est la dernière parole de la dernière séance de la dernière session (10 juin).

Cette fois, il ne s'agit que d'un milliard écus, accolé, suivant la bonne règle, d'un demi milliard papier, en sus des 500 millions et plus, voués aux canaux futurs.

Récapitulons :

Grand-livre.	4 milliards.
Indemnités	1
Armée, etc.	1 $\frac{1}{2}$
Canaux.	» $\frac{1}{2}$
Milliards.	7

Law et Cambon ont ainsi commencé.

Et comment ont fini leurs actions, leurs assignats? Comment finiront les 3 pour 100 de seconde origine, même nos patrimoniaux 5 p. 100?

Ludimus : interea nos luditur hora.

Pour faire bonne justice, faut-il plaindre plus que blâmer, ou blâmer plus que plaindre? On ne sait trop auquel courir d'abord; chacun choisit au gré de ses penchants entre l'une et l'autre voie, également certain de marcher sous les bannières de la saine logique.

Que les esprits enclins à dénigrer, impatiens de morigéner, se rassasient à loisir: la pâture ne leur manquera pas, et de jour en jour elle s'assimile davantage aux sardoniques appétits.

Mais c'est aux autels trop déserts de la pitié, qu'un cœur quelque peu tendre sacrifie et se sacrifie lui-même; car la sensibilité rend solidaire avec tous les êtres à face humaine, y compris le ministre.

Doit-il arriver qu'un cerveau frappé, qu'une langue mal attachée, se perdent dans des imbroglios sans fin, posant des principes au hasard, tirant des conséquences à rebours, voyant ce qui n'est pas, et ne voyant pas ce qui est, le cœur saigne aussitôt.

Pour en donner un exemple, comment ne saigneroit-il pas, lorsque le motif le plus frêle, le plus fortuit, induit à une mesure gigantesque. Or, il faut en croire le ministre, ou cette fois ou jamais, car sa pensée fut mûrie en silence, sa parole rédigée à l'aise; et, chose rare, la concordance est parfaite entre les exposés faits aux deux Chambres.

La scène s'ouvre par un monologue. L'orateur s'entend sans doute : sera-t-il écouté? Le mérite modeste a si peu de succès! Pourtant on chercherait en vain, dans le théâtre des Grecs, une exposition du sujet, qui fût aussi claire, aussi simple.

DRAME EN DEUX ACTES.

ACTE PREMIER.

SCÈNE PREMIÈRE.

LE MINISTRE, *seul.*

« Messieurs, le projet sur l'indemnité autorise l'inscription de 30 millions de rentes..... Trouver le moyen de supporter cette dette, sans affecter le crédit, sans accroître les impôts, sans affaiblir les services publics, telle était la tâche qui nous était imposée.... Nous venons vous soumettre les mesures financières les plus propres pour atteindre ce but. »

ACTE SECOND.

SCÈNE PREMIÈRE.

LE MINISTRE, *seul.*

« Messieurs, la création de 30 millions de rentes (1) a dû appeler l'attention du gouvernement sur l'action de l'amortissement et sur la *composition* de la dette de l'Etat... Une loi a paru indispensable : nous venons vous en exposer les principaux motifs.... Au moyen des 3 pour 100, nous sommes parvenus à rendre l'indemnité tout-à-la-fois plus juste et plus efficace, en portant son capital au montant de l'estimation faite, en mettant en rapport le taux de l'intérêt des rentes avec le revenu des biens-fonds. »

A la vérité, il est parlé dans le courant des deux tirades, de la dette compacte, de l'action de l'amortissement entravé, du crédit public comprimé, de valeurs parvenues à leur apogée, d'un nouveau champ offert au crédit, du lévier de force de l'amortissement, de l'espoir fondé d'un dégrévement, de la baisse générale de l'intérêt à 4 pour 100, etc., etc., etc.

---

(1) *Nota bene.* Le ministre ajoute ici une phrase sur l'emprunt, qui est sans nul rapport avec le projet de loi, et dont il n'avait pas encore été question.

Mais il avait été parlé aussi, dans l'exposé des motifs en 1824, de la fièvre à la hausse, de la manie des prêts, de l'élan donné à l'élévation du cours, des circonstances transitoires du crédit, toutes choses qui, sans doute, n'étaient pas mises en avant à titre d'argumens.

Une année comme l'autre, il a fallu remplir le cadre obligé : de là ces agrémens du discours, ces fleurs de rhétorique, ces lieux communs du genre romantique, qui font toujours passer un quart d'heure ou deux. Voilà le mot de l'énigme.

La conception primitive se retrace dans toute sa pureté, en ces dernières paroles : « Tel est, Messieurs, le plan financier au moyen duquel vous pourriez accomplir la grande mesure politique qui doit honorer à jamais cette session. »

Vous voyez ; le plan financier, la mesure politique, c'est le moyen et la fin, c'est la voie et le terme.

Or, n'est-ce pas jouer de malheur ? Et combien de peines, de troubles, de risques ; combien de plaintes, de blâmes, de haines, il faut encourir et subir, pour mener à bien ou à mal, suivant que chacun l'entendra, l'opération la plus simple, la plus facile qui fût au monde.

Etait-il donc besoin de financer encore, de finasser toujours, pour bailler tout bonnement 30 millions 5 pour cent, avec l'intérêt courant, aux indemnisés qui y gagnaient en écus, en temps, en repos; pour prélever le service de ces rentes, sur la superfétation du fonds d'amortissement, qui se trouvait d'autant moins exposé au péril d'acheter au-dessus du pair; pour ménager ainsi la race acclimatée des rentiers, qui ne sont pas tant à mépriser, ayant pour fonction de fournir des enfans et des subsides, et de soutenir le crédit par la stabilité de leurs placemens.

Etait-il besoin de garantir un dégrévement parcellaire, avant que l'espoir en fût fondé sur l'excédant net du revenu, de donner l'essor au crédit avant que ses ailes se fussent séchées et eussent grandi sous la bénigne influence d'un nouveau printemps; enfin, de couver en idée et de promettre en l'air, quelque emprunt de quelques milliards à 4 pour 100, avant qu'un ou deux cents millions seulement eussent été obtenus au-dessous de 6 pour 100?

Hélas! le ministre n'a pas vu qu'en prenant les devants sur le temps, le temps allait se mettre à ses trousses. Il faut le plaindre; il faut pleurer à bon escient : et que nos larmes coulent, tant que ses yeux si secs ne viendront pas à s'humecter, à s'inonder. *Nulli flebilior mihi.*

En fait d'édification, le monument des 3 pour 100 se modèle sur la fameuse tour de Babel. La paix qui jette ses voiles sur l'ancien monde ; les matériaux qui ont été façonnés de longue main ; les manœuvres qui sont convoquées des quatre points cardinaux, tout se ressemble.

Et pour accomplir le parallèle, voilà que la confusion des langues se manifeste au pied de l'œuvre gigantesque. Le Destin, puissance d'ordre transcendant, devant qui les dieux de l'Olympe ne sont que des marmouzets, a porté l'arrêt fatal : *Tout ce que le génie tramera en faveur du succès, tournera en revers au détriment du génie.*

Le génie s'est dit en lui-même : « Jetons l'indemnité dans les fondemens ; posons-la en guise de pierre d'attente ; qu'elle remplisse l'office de ces corps morts qui sont coulés bas au milieu des rades, à l'effet d'y amarrer les galions du Pérou. »

Ainsi l'indemnité sera liquidée en la forme insolite des 3 pour 100 ; sera acquittée par cinquième, sous un délai indéfini ; sera assaillie, obsédée, circonvenue d'obstacles de toute sorte.

Mais les parties prenantes, irritées des mesures, troublées par les présages, n'ont de repos qu'après avoir vendu leurs droits encore éventuels. On entend parler de toute part de ces négociations à 50, à 47 pour 100, faites avec les Juifs de quartier, car l'espèce en pullule, depuis les sommités de la chaussée d'Antin, jusqu'aux égouts de la rue Montmartre ; et c'est pour des sommes énormes, d'autant que les porteurs de billets gagnans à la loterie de l'indemnité, tremblent qu'il n'y ait quelque retour tardif vers la justice. Bientôt les reins de la banque auront ployé sous le faix.

Le génie s'est dit : « Le printemps luit. Et pourquoi les boues glissantes de l'hiver, la poussière aveuglante de la canicule, reviendraient-elles jamais? Que ne levons-nous les vieux pavés de la place? Implantés dans le sol, incrustés par le temps, ils font masse ; un tremblement de terre passerait sans les ébranler. Le pic en aura raison, et bientôt taillés en facettes, ils viendront se caser aux murs de notre édifice. »

Ainsi, tous les artifices sont employés pour parvenir à cette fin. « Il n'y aura plus d'amortissement, il y aura remboursement, et l'intérêt va choir à 4 ou 3 pour 100, et tous les emplois vont s'esquiver, et la rente nouvelle va s'exhausser à 85 et 90. Hâtez-vous, chers rentiers; en outre d'un cinquième sur le revenu, vous allez perdre un cinquième sur le capital. »

Mais,

Tout a l'odeur gasconne, en un banquet gascon;

Et, comme on sait, telle odeur se sent de loin. Qui prouve trop ne prouve rien ; qui promet trop ne tient rien. Sous la sauve-garde de ces adages, le rentier se tient coi : il semble que les vieux pavés se serrent plus que jamais ; c'est un roc où ne peut mordre le pic. Les murailles étaient prêtes; il ne manque que des pierres.

Le génie se voit forcé de recourir aux carrières de moëllons ; si l'édifice est moins solide, on en sera quitte pour le replâtrer plus souvent. Autrement, il n'y aurait pas d'eau à boire pour les goujats.

Or, il existe en quelque recoin, une espèce de banque ; il a existé, dans ces derniers temps, de certains prêts sur gage : eh bien ! que la banque apprenne enfin son métier ; que les certificats éteints de leur belle mort, ressuscitent plus frais que jamais. Puis, criez, bonnes gens, criez, gens honnêtes ; qu'importe ! ce serait un casse-tête d'écouter tout ce monde, à peine s'entend-on soi-même.

Il existe des cautionnemens, une part en écus qui sont bien au pair, une part en rentes qui sont au-dessus du pair. L'affaire est lucrative et légale en outre. « Leur fixation a toujours été faite en vue de la valeur des rentes, et aux termes de la loi du 1er mai, les 3 pour 100 à 75 représentent *identiquement* la même valeur que les 5 pour 100 à 100. » (Ordonnance du.... juin.)

Point de scrupules puérils ; que les cinq se transmutent en trois ; que les géans se travestissent en nains. Il est écrit que les cours de la bourse ne prévaudront jamais contre les termes de la loi, que les 3 pour 100 ne fléchiront pas d'un centime au-dessous de 75, qu'ainsi les bailleurs de fonds et le Trésor n'auront rien à perdre ; et, en tout cas, des argumens de valeur identique ne manqueront pas, pour couvrir la contre-marche.

Enfin, il a existé à l'apogée du crédit de l'empire, même sous l'ère triomphale de l'avant-dernier ministre, un syndicat des receveurs généraux, en vertu duquel leurs lourdes caisses et leurs blancs-seings étaient dévolus au bon plaisir du ministre ; mais, honni soit qui mal y pense, sous notre férule tutélaire, il n'en sera fait emploi que sous forme de reports : et vraiment c'est œuvre de charité. Cela fend le cœur, à voir comment les engorgés de rentes sont altérés d'écus. Versez-donc, mes amis, versez.

Maintenant, quel sera l'effet de toutes ces manœuvres?

Manœuvre de banque. Il y a peu à dire pour l'instant; nous sommes en calme plat. Mais qu'il survienne quelque bourrasque : et le trésor, armé du précédent, se portera sur la banque ; et les actions seront froissées dans la bagarre ; et les billets seront repoussés de porte en porte : il faudra courir après un sou valant, en espèces ayant poids. Si simple et si innocente, la foi ne pardonne jamais à qui osa la violer.

Manœuvre des cautionnemens. Ici c'est toute autre chose. La valeur identique aux termes de la bénévole loi ne sera admise que pour valeur en compte, pour valeur aux risques, suivant les rigides clauses du contrat. Après les cris qui ne feront rien, viendront les actes qui font tout.

Quant au ministre, il s'endort entre ses coffres mis à sec, charmé de n'être plus troublé par l'importun froissement des écus. Mais il en est autrement des bailleurs de fonds. Qu'est-ce donc ? Nous étions colloqués en 5 à 102 et 103; nous voilà convertis en 3 à 75 à 76. Y aura-t-il hausse au pair nouveau, jusqu'à 100 ? nous n'y gagnons rien : y aura-t-il baisse au vieux pair, jusqu'à 60 ? nous y perdons trop. Pour 4 pour 100 à recevoir par an, ce n'est pas la peine d'abandonner 15 ou 20 pour 100 à jamais. Nous retirons nos fonds.

Et d'autre part, bien que le ministre ne s'en

doute, les receveurs se mettent à la baisse, vendant et revendant sous main, ceux-ci par la crainte de compromettre leurs cautionnemens; ceux-là en colère de se voir jeter la face sur le parquet. Ils ont déjà commencé; ils n'en finiront pas. Dignes gens, que le Ciel les protège!

Manœuvre du syndicat. Le ministre forme un syndicat : c'est sans doute en faveur des rentiers. Pourquoi n'auraient-ils pas voix en chapitre? leurs droits, leurs besoins, leurs désirs sont aussi sacrés que tant d'autres.

Non, il s'agit des receveurs généraux et particuliers, du ban et de l'arrière-ban des vassaux du fisc; et le syndicat n'est qu'une mécanique à reports. Des reports, disent les gens *de la langue d'oil*, même *de la langue d'oc!* Que veut dire ce mot? Le dictionnaire n'en fait point mention : on y lit seulement, *reporter* (reportare) *porter une chose à sa premiere place;* le mot report doit donc exprimer l'acte de porter la rente aux mains de son premier acquéreur, de son dernier détenteur, du rentier.

C'est tout le contraire, mes amis! Ce mot signifie la sorte de mouvement perpétuel, par lequel la rente va passant et dandinant de carnet en carnet, vouée à changer chaque mois de maître, à courir sans fin par vaux et par monts, à la manière du Juif errant.

Et le report s'effectue moyennant l'intérêt légitime ou non, d'un demi ou trois-quarts par lune; et le report est garanti par l'engagement valide ou non, d'un agent titré ou d'un courtier zélé; et si le cours tourne à la débandade, souvent agent et courtier se débandent aussi : et la rente reste au compte du patient, en même valeur *identique*, en toute autre valeur intrinsèque.

Nous voilà au fait, disent nos provinciaux. Mais nous ne voulons pas de rentes, même en baisse; nous ne voulons pas de prêts, même sur parole. Nos fonds étaient placés à notre porte, sous nos yeux; ils étaient remboursables à courte échéance, à notre volonté.

Or, remboursez-nous, et au plus vite, Messieurs du syndicat. Ce nom seul nous rappelle, on ne sait pourquoi, quelque pronostic de faillite. Pauvres écus, quels risques n'avez-vous pas courus? maintenant tranquillisez-vous, thésaurisez-vous : l'orage passera.

Ainsi il n'y a plus de comptes courans, plus de reports, plus de hausse. Le ministre l'avait si bien dit le 5 mai 1824 : *Il ne faut pas vendre la peau de l'ours, avant de l'avoir tué.*

Nous ne sommes pas au bout : il est des gens avec qui on n'en finit que d'une certaine manière, fort peu polie sans doute.

C'était le 25 juin, ce jour même où les feux de paille et de fagots, allumés en l'honneur d'Osiris, semblent projeter leur flamme jusqu'aux confins du firmament, et s'éteignent presque aussitôt sous un monceau de cendres noirâtres, qu'il apparut à Londres un document dont voici la copie figurée :

DETTE DE FRANCE.

CERTIFICAT DE PARTICIPATION, etc.

(*Série* A.) (*N°* 1.)

300 francs de rente au capital de 10,000 francs.

Signé DE ROTHSCHILD.

Contresigné DIDIER.

Ledit document, délivré en vertu des résolutions des ministres, sous les dates du 14 octobre 1816, et 26 mai 1819, et conformément à l'autorisation spéciale de S. Exc. le ministre des finances, du 24 mai 1825; laquelle autorisation est donnée dans l'intention de mettre à même les porteurs, de disposer de leur capital avec plus de *célérité*. (Journal du Commerce, 26 juin.)

Les termes sont précieux. Des résolutions des ci-devant ministres exhumées à neuf ans et six ans de dates, et rétroagissant sur les trois encore inédits! Une autorisation spéciale du ministre gérant, conçue au creux du cerveau, couvée dans l'ombre, lancée à travers les gros temps et les mers en courroux! le tout sans aucun droit, sans nul motif, autant qu'il apparaît du moins.

Les formes sont piquantes. Un effet au porteur qui se transfère à la minute, et doit gambader de main en main, ou assommer la place d'un seul coup; un effet au minime chiffre de 500 francs de rente, qui s'en va vainement glaner, après tous les emprunts d'Amérique, au champ des richesses anglaises, qui s'en va piteusement quêter autour du splendide banquet de l'*ex-change*, quelques reliefs rejetés des convives, et tombés sous le balai de la valetaille.

Cependant tout serait pardonné à l'homme, rien du moins n'étonnerait de l'homme, si ce n'était que le certificat susdit porte ces mots en majuscules : DETTE DE FRANCE.

Dette de France : ici l'honneur la paie; là bas, le ridicule s'en joue: elle est honnie, baffouée, vilipendée; elle est soumise aux caprices de l'enchère, aux périls du rabais. Quelle est cette voix rauque? Celle du crieur de la Bourse. « A 75 fr. 5 cent., les français: en veut-on, n'en veut-on pas? Personne ne répond ; à demain, Messieurs, à après-demain, les français. »

Mais le ministre ne sait rien, ne sent rien. Serait-ce donc sur le pigmée des Deux-Siciles, ou sur le géant d'Albion, que devrait se modeler le génie de la France? Voyez seulement si les trois anglais, tantôt à 105, tantôt à 47, se sont jamais ingérés de passer sous les fourches caudines. Voyez comment les cinq napolitains, paralysés devers 90, ont profité à aller faire le pied de grue, loin de leurs foyers.

Toute l'ambition se borne à faire imprimer un mouvement de hausse aux trois anti-français: trop vains espoirs! les places de Paris et de Londres sont liées par les exprès du commerce, peut-être par le télégraphe; à peine y a-t il plus loin d'une place à l'autre, que d'un jour de bourse au lendemain; celle où l'effet existe en masse, fait le cours de celle où il est débité en molécules.

Les suppliques, les larmes même, n'obtiendraient pas ce fameux coup de fouet, qui fut appliqué en 1818, par les banquiers anglais et hollandais, à nos vieilles rentes, à peine relevées d'une longue crise. Et que le ciel nous en préserve; chacun se rappelle comment lors de la débâcle, les traitans s'esquivèrent à propos, enlevant nos capitaux, nous rejetant toute la perte, et soufflant, attisant le discrédit entre nous. Le coup de fouet devint un coup de massue.

Au reste, qu'importent et les succès et les revers qui incomberaient aux trois Villèle? De quoi vit un état, en dedans et au dehors, à l'heure même, et dans l'avenir? Rien que de l'honneur. Celui-là serait lapidé, au moins des yeux, de la langue et de l'âme, qui, du haut de son char de triomphe, n'aurait qu'à s'écrier : *Tout est sauvé, fors l'honneur.*

Tu triomphes, Jérusalem! glorifie-toi de tes œuvres! exalte-toi en actions de grâce! Voilà qu'il apparaît tout resplendissant de lumières, le Messie attendu depuis des siècles! Les trônes s'abaissent devant lui; les lois, les mœurs, les usages mêmes, tout subit le joug! Vainement les Jonas nouveaux s'écrient: *Encore quarante jours, et Ninive est détruite.* Triste Ninive! au lieu d'honorer tes pénates indigènes, pourquoi irais-tu sacrifier sur les hauts lieux? Les hauts lieux attirent la foudre.

Voyez ce monument colossal plutôt que grandiose, qui couronne une rue trop célèbre aux fastes de l'agiotage. Le ministre a dit: « Que la France soit confinée et parquée, corps et biens, sous les limites de l'octroi; que Paris soit cloué et rivé à demeure, aux colonnades de la Bourse. Je le veux; dorénavant, le cours des destins du royaume sera coté au parquet et proclamé par la voix du crieur. »

Il dit et convoque les lévites du nouveau culte. Quel sera le grand-prêtre? Nouveau Samuel, son doigt ne peut-il pas être appelé à désigner, à consacrer les princes de ce bas monde? Nouveau Samson, ses reins ne doivent-ils pas être conformés de sorte à soutenir cet édifice qui pointe jusqu'aux nues et vacille dans ses fondemens!

Un fils de Judas réunit seul de tels titres; un fils de Judas est intronisé dans le sanctuaire. Que les adeptes se prosternent; que les mécréans tremblent; tout pouvoir lui est donné sur la terre. Une pluie d'or abreuvera les gens de sa suite; ses ennemis seront consumés sous un ciel d'airain.

Mais qu'avez-vous donc fait, ministre mal avisé? Les chants ont cessé; d'un coup de baguette, il semble que la France soit désenchantée; le morne silence règne, à peine entrecoupé par les accens étouffés de la plainte et de l'épouvante. C'est la joie publique, c'est la paix publique, que vous venez d'immoler aux autels d'Israël!

Et vous-même, car qu'importe le reste, et vos projets, vos destins, vous avez tout joué; tout est perdu: car il n'ira pas s'atteler à votre char fracassé; il n'ira pas entonner à lui seul l'hymne de votre triomphe, celui-là qui domine la banque, qui possède les cabinets

Et par droit de conquête et par droit de naissance.

Hélas! vous ne connaissez pas la juiverie! nation nomade d'esprit, exotique sur la terre, hétéroclite entre les peuples; nation unie par l'anathême, isolée par le mépris, concentrée par la haine; nation habile en ses vues, profonde et subtile, tenace et hardie, qui serre ses tentes, se voue à quelque chef, et marche comme un seul homme.

L'Angleterre la connaît, et elle connaît l'Angleterre. Ce n'est pas sous ce climat que l'autocrate des Hébreux a fixé son gîte et jeté ses lignes; ce n'est pas dans ce pays qu'il lui a été conféré de disposer des existences, comme de choses à lui appartenantes. Abandonnée au milieu des dangers, l'Angleterre n'a pas désespéré, et s'est suffi à elle-même. L'Angleterre préférait de périr plutôt que de mendier des secours qui eussent flétri son nom, qui auraient agravé sa ruine, en la retardant de quelques instans.

L'horoscope est facile à tirer : don Juan a fait un pacte; quelques bonnes fortunes lui tournent la tête : il ne doute plus de rien, ne craint rien. Et c'est à la table du festin que tout-à-coup le sol se dérobe sous son siége, l'entraînant dans l'abîme.

Il n'y a pas moyen de tromper les Juifs; les juifs n'ont d'autre métier que de tromper; tel fin qu'il soit, qui joue avec eux est joué par eux.

Or, vos Juifs se seront peut-être avancés de pas en pas, au-delà de leur dessein; mais il leur aura été donné des gages de sorte ou d'autre. A quel prix, par quels moyens pourrez-vous les retirer ?

Ils se seront engagés devers vous, à travailler sur nouveaux frais. Y a-t-il des risques pour eux? ils auront obtenu des garanties; n'y a-t-il que des profits? ils auront exigé quelque prime. En tous cas, ce n'est qu'un engagement d'honneur; vous y reposez-vous?

Vous avez promis en paroles plus que n'ont tenu les temps; l'échec tournera à votre dam, le déficit vous sera passé au débit. A ce compte, n'êtes-vous pas déjà fort en arrière, presqu'en déconfiture? si bien que leurs obligations restent pour mémoire.

C'était en participation entre vous et eux, que devait s'opérer l'ascension des 3 pour 100. La mise de fonds se faisait, de votre part, en intrigues au comptant, en influence à échéances, et, de leur part, en écus de poids, en effets de valeur. Ils sont quittes; et vous, si fervens à solder le comptant, comment vous tirerez-vous aux échéances? Toutes vos rentrées manquent; l'opinion vous fait faillite.

Cependant les choses iront tant bien que mal : il y aura quelque soudaine effervescence, avant ou après le délai fatal, on ne sait trop. Et pour que les juifs fassent leur affaire, il faudrait bien que la hausse eût lieu plus tôt que plus tard, car si la masse des rentes converties n'était pas considérable, ce serait chose impossible de susciter, de pousser la fermentation.

Or, quelles forces sont aptes à préparer le grand œuvre? Non pas vos discours ni les écrits de vos valets qui réagissent en sens inverse; non pas vos manœuvres qui, mises en jeu tout d'abord, sont usées jusqu'à la corde. La banque israélite devra se sauver sans aide, soit en vous soutenant à flot, soit en vous coulant à fond, et songez que rien ne lui est plus indifférent.

Un jour ou l'autre, et pour un moment ou deux, le cours s'élève. Grande nouvelle! La mouche du coche se pâme et les frelons se jettent sur la curée. Il n'y a pas de temps à perdre, il n'y a rien à ménager : les engorgés dégorgent le trop-plein, tellement que la place est submergée de rentes. Et ils ne musent pas sur la foi trop compromise du magicien, étant depuis long-temps balottés d'espoir en espoir, et pressurés à chaque liquidation, étant impatiens de retirer avec quelques sacrifices, leur enjeu qui s'est écorné de report en report, à peu près comme se minent, sous l'action d'un flot rongeur, les rives fleuries de la Garonne.

Quelle catastrophe! Petits et grands, tous suivent à la piste les erremens du régulateur suprême. Et malheur à qui hésite, à qui barguigne! la peur va l'assaillir plus tard, va le presser de son aiguillon envenimé : mais les portes du temple se ferment sur lui ; la divinité s'est retirée : l'heure de la délivrance n'est pas prête à sonner.

Peut-être les juifs sont-ils sauvés puisque les chrétiens sont perdus ; peut-être aussi sommes-nous perdus, sans qu'ils soient sauvés : le pilote qui tient la barre, se voit souvent emporté par la lame.

Evoquons les mânes de Corvetto. Ombre trop chère, raconte-nous tes hauts-faits, déploie tes bannières triomphales ; dis comment l'émissaire d'Albion, déjà enrichi de nos dépouilles, dut à ta délicatesse plus que française, d'être dégagé d'un marché devenu onéreux : dis comment les fonds morts et les crédits qui portaient la vie, furent détournés de leur cours pour imbiber de quelques gouttes d'eau, le gosier desséché du crédit !

Ces temps ne sont pas oubliés, où le gardien du trésor, cédant à des suggestions perfides, trahit ses devoirs, vida ses caisses, et ne réussit pas.

Et cependant le ministre de 1818 n'avait point consumé ses forces vitales, pour donner la première impulsion, tandis que celui de 1825, épuisant son carquois, dilapidant ses arsenaux, dès l'ouverture de la campagne, n'aura plus qu'à tendre son dos piteux, aux horions redoublés qui lui tomberont du camp allié comme du camp ennemi.

Quoi que vous soyez, monarchie ou république, chrétienté ou juiverie, homme d'état ou homme d'affaires, daignez laisser le crédit, prendre la mer à propos, serrer ou larguer les voiles suivant le temps, côtoyer le rivage ou sillonner le vaste Océan. Iriez-vous l'enchaîner aux bancs de la galère, et le faire remorquer par vos forçats : en peu d'instans, l'amarre se rompt, la chiourme se révolte, le navire jette en vain son lest, et se perd sur les bas-fonds.

FIN

PARIS, DE L'IMPRIMERIE D'A. ÉGRON,
rue des Noyers, n° 37.

DES TROIS POUR CENT.

TROISIÈME APERÇU.

Noli me tangere.

PARIS,
A. ÉGRON, IMPRIMEUR-LIBRAIRE,
RUE DES NOYERS, N° 37;
PONTHIEU, LIBRAIRE, AU PALAIS ROYAL.
1825.

FAITES silence, valets, le maître parle.

(Séance du 24 avril 1824). « Il y avait impossibilité d'obtenir ces avantages sans convertir les rentes, et sans l'intervention des compagnies. Leur concours nous était indispensable; tout le monde le sent........ Sans doute que si nous pouvions convaincre les rentiers, qu'ils doivent se résigner à la réduction de leurs intérêts à quatre, nous serions trop heureux....... Mais comment auraient-ils accueilli une semblable proposition?....... La possibilité de rembourser le capital, tel est le seul moyen d'opérer la conversion. Pour obtenir cette possibilité, il faut le secours des compagnies financières. »

Ainsi tombe du ciel la vérité; ainsi l'esprit est envahi et conquis par elle, dès-lors que la manie, ou la frénésie, ne ferment point les conduits de l'intelligence.

Tout le monde sent que les rentiers ne doivent pas se résigner à la réduction, à moins d'y être forcés par le remboursement, par la même raison que le ministre ne doit pas résigner ses fonctions, avant d'y être invité par sa révocation.

Tout le monde sent qu'il n'y a possibilité de rembourser qu'avec le secours des compagnies; qu'il y a impossibilité de convertir les rentes, sans l'intervention des compagnies.

Or, comme le ministre se trouve ici d'accord avec tout le monde, et sans doute est resté d'accord avec lui-même, on doit en conclure qu'il n'a jamais cru, ne croit point, ne croira jamais à la réussite du projet actuel, où il n'apparaît ni intervention, ni remboursement, pour déterminer le grand acte de résignation.

Ce projet est une fausse attaque, combinée à l'effet d'en imposer à l'ennemi, de contenir les bandes effarées, de flatter un allié désapointé. L'armée n'en bat pas moins en retraite : et les tirailleurs ont ordre de brûler quelques amorces, de chicaner en cédant le terrain, de prendre des positions de plus en plus en arrière.

Veut-on juger de la rapidité du mouvement rétrograde? Naguère encore, le 19 mai, le ministre s'en rapportait aux deux grands juges de l'opinion et de l'intérêt. Ils auront malversé, sans doute; ils sont cassés aux gages. Et après qu'une série malencontreuse d'argumens n'a pu accomplir l'œuvre de convertir les esprits, il faut recourir à l'*ultima ratio*, au remboursement forcé : C'est la bombe qui succède aux pétards, et le mortier est chargé, une étincelle suffit.

Calomniez, disait Basile, il en reste toujours quelque chose: menaçons, se disent les gens, il en arrive toujours quelque effet. Tout porte coup. Cette balle pleine de vent, pour peu qu'elle soit lancée avec violence, ne laisse pas de produire une certaine commotion.

Basile était le plus habile. Il n'y a point de terme dirimant pour la calomnie; le sol de l'envie est toujours prêt à s'ouvrir pour en recueillir, pour en féconder le germe. Mais la menace se prescrit par le temps : celui qui est capable de se porter à une telle extrémité, en était capable dès l'origine; et il ne se serait pas borné à la menace, s'il y avait eu moyen de la réaliser.

Donc, puisque le ministre n'a pas renforcé son projet de réduction par la contrainte du remboursement, c'est qu'il se sentait hors d'état d'obtenir cette clause coercitive; et s'il n'a pu l'obtenir en 1825, pas plus qu'en 1824, comment pourrait-il l'obtenir en 1826, plutôt qu'en 1825 et 1824?

Dans cette affaire, les suppliques, les injures, les menaces, tout est simulé, tout se dit et se fait pour la forme. La finesse ne se berce plus d'aucun espoir; la lassitude n'aspire qu'à se traîner jusqu'à ce grand jour du 6 août. Et là, encore tout palpitant d'effroi, l'oiseau qui perdit dans la mêlée ses plus belles plumes, se repose,

Jurant, mais un peu tard, qu'on ne l'y prendra plus.

Versailles, 18 juillet 1825.

DES

TROIS POUR CENT.

D'APRÈS l'admirable rapport fait au nom de la commission de l'amortissement, il convient de déduire sur la masse de la dette publique, 36 millions de rentes rachetées par l'état, et éteintes de droit, dont le service, au profit de la caisse, rentre dans la classe des autres services publics, et 30 millions immobilisés et mains-mortables, dont la dépense s'assimile à celle des pensions, des rentes viagères : lesquelles rentes ne marquent au grand-livre que sous le rapport des écritures.

Les deux portions effectives de la dette se composent de 100 millions, appartenant *aux rentiers proprement dits, qui soutiennent le crédit par la stabilité de leurs placemens*, et de 30 millions appartenant aux joueurs, *qui changent à peu près chaque mois de possesseurs :* ce sont les expressions mêmes du rapport.

La première portion *se tient, en quelque sorte, écartée des atteintes de l'amortissement*, et *son action se trouve maintenant restreinte, presque entièrement à la portion mobile*, à cette fraction flottante de la dette, qui peut tendre à s'accroître, depuis que les 5 pour 100 se soutiennent au-dessus du pair.

C'est en faveur des détenteurs de la fraction flottante que la caisse a employé dans neuf ans 575 millions, qui montent à plus de 700 millions, en y ajoutant les intérêts; à l'effet de racheter environ 36 millions de rentes, lesquels reviennent ainsi au denier 20. C'est en leur faveur que l'Etat, après avoir emprunté aux taux de 8 et 9 pour 100, consent, afin d'élever le capital d'un tiers en sus, à leur faire un prêt au taux de 5 pour 100, retenant l'intérêt par ses mains, et hypothéquant le capital adjoint sur les brouillards du crédit.

Or, ces douceurs, ces primes accordées aux spéculateurs de la bourse, sont prélevées aux dépens des propriétaires de rentes. L'amortissement, en exhaussant par artifice le cours des effets publics, nuit à ceux qui n'ont qu'à acheter une fois pour ne jamais vendre, autant qu'il sert ceux qui ont sans cesse à revendre après avoir acheté; et l'addition d'un tiers, au titre des rentiers à capital, n'est proposée, n'est compensée, qu'au moyen de la soustraction d'un cinquième, aux arrérages des rentiers à revenus.

A l'égard de l'intérêt général, il se trouve plutôt compromis que favorisé dans ce systême. Suivant le rapport de la commission, *on pourrait mettre en question, si le fond de l'amortissement n'aurait pas pu être aussi productivement placé, en restant disponible dans les mains des contribuables.* Suivant les calculs faits à la tribune, l'addition du capital, accolé à la soustraction de l'intérêt, se balanceront dans les comptes du trésor, pour peu que l'extinction de la dette publique soit poursuivie par le mode actuel d'amortissement.

Ainsi les deux intérêts respectables de la société, ceux des rentiers et des contribuables, sont sacrifiés à l'avidité des spéculateurs, et sont mis en opposition entre eux, tandis que leur accord était parfait; car les rentiers ne tenant qu'au revenu, restent indifférens à la hausse, insensibles aux effets de l'amortissement; et les contribuables eussent été réellement dégrevés par la réduction de son fonds, au lieu que le profit d'un intérêt plus faible est annulé par les frais de rachat d'un capital plus fort.

Le ministre dirige son intention, dans un tout autre sens, autant qu'il apparaît par les faits.

L'action de l'amortissement s'accélérait, et menaçait grandement d'atteindre au terme de l'extinction de la dette; et, suivant son idée, hors de l'amortissement, point de salut. Mais il ne convient pas que le navire entre aussitôt dans le port, car toute manœuvre cesserait. « C'est chose impossible, s'écrie-t-il, de racheter au-dessus du pair; et sur-le-champ il élève le pair d'un tiers, de sorte à mettre sa conscience à l'abri. »

Le crédit de l'état ne pouvait s'élever graduellement, et se fixer solidement, que par le classement des rentes, par leur admission au titre d'immeubles, au moyen de quoi, la portion mobile et vénale s'atténue : et le ministre travaille à forcer la transmutation des rentes qui soutenaient le crédit par la stabilité de leurs placemens, en rentes qui changent à peu près chaque mois de possesseurs.

La baisse de l'intérêt ne devait provenir que de la répercussion des capitaux affluans à la bourse, et de leur dissémination entre les emplois de l'industrie rurale et commerciale ; et le ministre ouvre, aux joutes de l'agiotage, une lice dont les limites sont en baisse à 55, en hausse à 85, comme pour absorber tous les esprits, pour aspirer tous les fonds devers le gouffre de Paris.

Enfin la richesse nationale, qui émane uniquement de l'exercice du travail et de l'action des capitaux, ne saurait profiter de l'existence d'une dette publique, qu'autant que celle-ci offre un placement fixe, ou un emploi temporaire aux fonds qui, autrement, seraient exposés à des pertes, ou resteraient oisifs en caisse : et le ministre suscite, fomente, aggrave les perturbations de son cours, dont l'effet certain est de compromettre les uns, de repousser les autres.

Il a fallu des recherches prolongées pour déterrer les sources où le ministre avait puisé sa maxime capitale sur la dette publique, qui est transcrite dans le second aperçu, page 13, et rencontrer les autorités qui ont pu l'induire à accueillir ce plan de finances, dont le Courrier Anglais a exprimé si bien le caractère, en disant que la France était trop occupée maintenant de ses affaires intérieures, pour se mêler de discussions diplomatiques.

Le premier document paraît avoir été fourni au ministre par Colquhoun, lequel écrivait, en 1815, sous la dictée ministérielle, et à l'époque des plus grands embarras, son grand ouvrage sur la richesse de l'Angleterre.

(Page 283). « Chaque livre sterling sortie de la bourse publique, donne naissance à plusieurs fois son montant dans le produit du travail. Le créancier, avec les fonds qu'il reçoit, devient capable de donner de l'emploi à presque toutes les classes laborieuses. Ces classes placent leur argent dans l'achat des articles qui leur conviennent, au moyen de quoi chaque individu fournit un produit additionnel à la masse de la richesse générale, comme il est visible par la situation prospère du peuple. »

(Page 290). « Si le pays doit être favorisé d'une prospérité progressive, on verra, ainsi qu'il a déjà été prouvé, que la dette fondée sera peu à charge, et qu'elle donnera une impulsion considérable au travail productif de toutes les classes, sur lequel repose exclusivement l'accroissement de la richesse publique. »

Tels sont les principes qui ont été saisis avidement par le ministre, malgré que tous les auteurs, Smith et Sinclair, Hamilton et Lowe, les aient constamment repoussés avec mépris, et que l'absurdité en soit maintenant reconnue par le dernier commis de banque en Angleterre.

Leur influence s'est exercée à un tel point, que l'esprit n'a été nullement frappé de ce corollaire tiré par Colquhoun ; que ce n'est point l'intérêt de la nation de réduire soudainement sa dette publique, quand le service des intérêts n'est pas trop pénible, (290), et que les yeux même n'ont pas discerné ce passage foudroyant, où il déclare que l'usage d'emprunter de sorte à recevoir 60, et à reconnaître 100, en ajoutant un capital nominal, *est hautement injurieux à l'Etat*, (pag. 289).

Or, ce fut un an après, en 1816, car Albion

nous devance toujours, qu'un écrit apparut, dans le temps prôné jusqu'aux nues, maintenant enseveli dans l'oubli, sous le titre d'*Examen impartial du budget.*

Il contient des axiômes curieux :

(Pages 69 et 70). Je prouverai, par les calculs les plus rigoureux, que plus un état emprunte, plus il enrichit sa matière imposable.

(Page 71). Les calculs démontrent également que la dette publique, la richesse générale et les impôts, doivent croître ensemble, et se protéger, se féconder mutuellement.

(*Ibid.*) Il en résulte qu'il faut commencer par emprunter pour pouvoir imposer; qu'à mesure que les emprunts grossissent, les impôts s'allègent; que tel impôt, jusqu'alors impraticable, devient facile quand l'Etat emprunte, et parce qu'il emprunte.

(Page 70, en note). *Quand on a goûté des emprunts et du crédit*, on s'en trouve si bien que l'on ne veut plus y renoncer.

Le système se déploie ensuite.

(Page 74). Il sera créé 25 millions de rentes en 5 pour 100, négociables au minimum de 75 fr.

(Page 75). Pour chaque 100 fr., il sera donné 6 2/3 d'intérêt et un capital nominal de 133 f. 33 c. Les créances arriérées pourront être payées de la même manière.

(*Ibid.*) Les créanciers qui jouissaient de 8 pour 100 d'intérêt, n'en recevraient plus que 6 2/3; mais ils auraient l'espoir de voir augmenter d'un tiers leur capital nominal.

(Page 77). Il faudra assurer à la Caisse d'Amortissement, pour cinq ans, une dotation de 100 millions par an.

(Page 81). Je crois voir dans les *5 pour 100, donnés sur le pied de 6 2/3*, un grand attrait pour les capitalistes.

(Page 87). Que ce plan relève le crédit, et porte rapidement les rentes, (alors à 60), au-dessus de 75, ce n'est pas un chimérique espoir.

(Page 89). L'emprunt que je propose doit en peu de temps ramener les 5 pour 100 au pair.

(Page 101). L'emprunt attirerait promptement de l'étranger des compagnies riches et puissantes.

Les amateurs trouveront peut-être ce rapprochement curieux, et diront s'il pût jamais se rencontrer, entre deux plans, une plus parfaite similitude. Pour dresser le second, il aura suffi, ce semble, de remplir les *bouts-rimés* donnés par le premier :

Création de rentes;
Négociation à 75;
Capital nominal à 133, 33;
Réduction de l'intérêt;
Amortissement énorme;

Dotation pour cinq ans;
Le cours s'élevant de 60 à 75;
La rente ramenée au pair;
Attrait pour les capitalistes;
Compagnies étrangères.

Tout l'œuvre du génie s'est borné à substituer aux 5 pour 100 donnés sur le pied de 6 2/3, les 3 pour 100 donnés sur le pied de 4. *Nil novi sub sole.*

Rien n'est curieux comme d'entendre les sermons du ministre sur les périls du jeu.

(30 avril 1824). On nous a fait l'énumération de toutes les personnes qui vont agioter à la Bourse. Je ne crains pas de le dire : tous ceux dont ce n'est pas le métier, ou la condition, y laisseront leur fortune.

(31 mai 1824). Les moyens proposés sont merveilleusement propres à encourager l'agiotage et à faciliter les combinaisons avec lesquelles les habiles s'approprient à ce jeu la fortune des dupes.

(28 avril 1825). Les instructions données d'acheter de préférence les rentes peu considérables, ont l'inconvénient d'appeler davantage à la Bourse les petits rentiers ; et l'on sait trop à quels dangers on les expose, en les attirant sur ce fatal terrein.

(17 mai 1825). Les rentiers prendront leur parti ; ils feront leur conversion, et surtout ils éviteront de la faire au dernier moment, parce qu'ils reconnaissent comme nous qu'ils ne seraient pas

les plus habiles pour profiter des chances favorables.

Ensuite le ministre expose comment les risques du jeu sont puissamment aggravés par l'intervention des étrangers.

(9 mai 1825). Nous apprenons par lui que la baisse ne vient pas de la France, mais du dehors; qu'elle tient à la situation d'une autre bourse qui a agi sur la nôtre.

(27 avril 1825). Il nous donne quelque idée de cette influence du dehors, en déclarant que, d'après les renseignemens recueillis, environ 25 millions de rentes sont aujourd'hui entre les mains des étrangers, ainsi qu'il l'avait déjà annoncé le 24 avril 1824.

Enfin, comme le ministre n'en finit jamais d'une question, avant de l'avoir coulée à fond, et parfois de s'être coulé à fond lui-même, il a donné ainsi son ultimatum de paroles, et par conséquent de pensées, au moment de prendre congé des députés.

(19 mai 1825.) « Tout est prospère; mais si *demain*, il y avait *le moindre sujet* d'alarme, *dans l'instant* les recettes deviendraient plus faibles et les dépenses plus fortes. Chacun veut aujourd'hui laisser son argent au Trésor; *demain*, *tout le monde* voudrait l'en retirer. »

Le ministre voulait parler de l'état des caisses

du Trésor; mais chacun sait que les mêmes causes se jouent encore plus vivement du cours des effets publics. Au mot *Trésor*, ils suffit de substituer *Grand-Livre*.

Et ces expressions si bien caractérisées, *le moindre sujet*, *dans l'instant*, *tout le monde*, doivent retentir à la plus sourde oreille; et surtout cette exclamation deux fois répétée : *demain*, *demain!* est propre à terrasser l'imagination la plus romantique. Ne semble-t-il pas entendre le cri lugubre, qui parcourait jadis certaines villes de France, justement au coup de minuit : *Cras tibi!*

C'est le ministre même qui s'efforce à nous prémunir contre les périls du jeu entre nous bons Français, contre les risques de la baisse, par le fait de ces damnés étrangers, contre la pénurie des espèces et la chute des fonds, laquelle survient dans l'instant, au moindre sujet, et demain.

- Or, sans trop s'effaroucher d'être montré au doigt comme un alarmiste, comme un dépréciateur du crédit public, il faut bien le dire, ou plutôt le laisser dire à sa conscience indomtée. Toutes ces chances qui s'allient et se succèdent, sont infiniment plus à craindre à l'égard des 3 pour 100, que des 5 pour 100.

Dans ses demandes réitérées d'un brevet d'importation des fameux 3 pour 100, le ministre a souvent fait mention du crédit public comprimé, de l'essor rendu au crédit, d'un nouveau champ offert au crédit: auxquels grands mots, le crédit ci-devant haut-justicier, et maintenant mis à la chaîne, répondrait en bons termes, si la parole lui était donnée:

« Autrefois, c'était mon essor qui délimitait mon champ, pressant le pas suivant ses forces, prenant quelques pauses à propos, puis se remettant en marche, de sorte à ne pas s'épuiser, à ne reculer jamais; vous avez changé tout cela. C'est votre champ qui doit maintenant commander mon essor : il faut que ce pauvre essor, tout éreinté, tout harassé, n'en galoppe pas moins, tant qu'il y aura de l'espace devant lui; et l'espace que vous lui taillez, s'étend en longitude sur une échelle presque double. »

« Au lieu que 5 fr. d'intérêt valaient 60 fr. en capital, vous avez décrété qu'ils vaudraient d'abord 75 fr., et bientôt 100 fr. Mais songez donc quel nerf il me faudrait avoir pour gravir jusqu'à ces sommités, jusqu'à ce point culminant, où je n'ai pu atteindre qu'une ou deux fois, et me soutenir que quelques instans ; quant à moi je ne réponds de rien. Vous aurez beau pousser par derrière; la côte est rude et le sol est glissant : un seul faux pas nous rejette vous et moi, je n'ose le dire, dans le bourbier, Monseigneur. »

Quoiqu'en dise le ministre à ses amis, et les

amis à leur ministre, la vérité reste. Il y a, dans toute rente, un élément fixe et réel, l'intérêt; un élément variable et idéal, le capital; le premier qui est doué de la force d'inertie, le second qui est voué à toutes les anomalies. La proportion établie entre eux, détermine les destinées du cours.

Vous avez des bons du trésor, payables à court terme; leur cote ne s'affecte qu'à raison d'un demi ou trois quarts pour 100. Vous avez eu des annuités, remboursables à échéances; leur cote n'était susceptible que d'une différence de 3 à 4 pour cent.

Donnez-nous des 6 pour o : soit en baisse ou en hausse, leur mouvement sera graduel et régulier, sera presque imperceptible, n'étant influencé que par le taux général de l'intérêt dans la contrée.

Donnez-nous des 2 pour 1000 : à peine l'intérêt compte encore; cette sorte d'oreiller du revenu, sur lequel l'existence reposait sans souci, lui est subitement soustraite; et l'imagination effarée se perd aux rêves de la crainte ou de l'espérance : c'est le Mississipi renouvelé de *Law*.

Entre les 6 pour o, et les 2 pour 1000, viennent se placer nos vieux 5 pour 100, et vos nouveaux 3 pour 100, les uns et les autres obéissant à des lois semblables, bien qu'en un degré différent. En substituant les 3 aux 5, vous jetez la moitié du lest; et le balon ayant perdu l'équilibre, est balotté dans un sens et dans l'autre, est emporté de région en région, jouet de tous les vents.

Ainsi la France joue plus gros jeu que jamais; et, chose étrange, ceux-là même qui avaient le jeu plus en horreur, sont conviés, sont contraints à se ranger autour de la fatale table. La mise est faite pour eux, par les mains du ministre : il n'y a pas à dire; leur seule tâche doit être de tenter le sort, afin de la retirer aussi intacte que possible. Dans les 3 pour 100, qui joue mal ou qui ne joue pas, est de même en perte.

Pour le grand nombre, l'intérêt étant réduit, il faudrait régler sa vie au rabais; et c'est trop difficile. On ne peut plus vivre de son revenu, on voudra vivre sur son capital; delà, on vendra sa rente à un cours élevé, comptant bien la racheter à un cours inférieur; puis on achetera à terme en baisse, comptant bien revendre en hausse; enfin en prendra ou on donnera à prime; on reportera ou on se fera reporter. Y a-t-il du risque, y aura-t-il du désastre?

Tel rentier aura un paiement à faire, et sera forcé de vendre à un jour fixe; mais la cote s'est déjà promenée du haut en bas de l'échelle; il saisira la première occasion favorable. Et si son paie ment est ajourné, il rachetera souvent à perte ; si le diable le tente, il rachetera avec bénéfice : on croirait que cela est fort différent ; et le résultat est tout semblable, car ce bénéfice fortuit doit entraîner des pertes consécutives.

Tel autre rentier aura une somme à recevoir : les mêmes calculs s'opéreront en sens inverse ; les mêmes dommages s'en suivront.

Ce serait à n'en pas finir : tout Français joue ; la France est jouée. En vain l'homme a parlé contre, l'homme agit pour : or, on n'est jugé que sur ses œuvres.

L'HABITUDE est prise dès long-temps, de puiser ses moyens contre une cause, dans les argumens même de l'orateur qui la défend : et certes il n'était pas donné au ministre d'en corriger jamais.

Le tableau du cours des fonds anglais de 1802 à 1824, qu'il a daigné soumettre aux deux chambres, présente le plus précieux document, pour démontrer les risques imminens des 3 pour 100.

En prenant d'abord le maximum et le miminum du cours, on voit que les 3 ont joué de 54 à 84, au lieu que les 5 n'ont varié que de 89 à 111 ; c'est-à-dire que la différence des prix, a été pour les uns à raison de 56 pour 100, pour les autres de 22 pour 100.

En suivant les mouvemens de hausse et de baisse, les 3 ont monté, de 1816 à 1817, du cours de 63, à celui de 84, c'est-à-dire d'un tiers en sus ; et les 5 du cours de 96 à celui de 109, c'est-à-dire d'un septième en sus. De 1818 à 1819, les trois sont tombés de 79 à 67, de plus d'un sixième ; et les 5 de 109 à 104, d'un vingtième seulement.

Puis, en parcourant le tableau, un coup d'œil suffira pour s'assurer que ce rapport entre le mouvement des deux effets, se retrouve constamment. Et il est inutile d'observer que, pendant cette période, les cinq pour 100 n'étaient pas comprimés par la crainte du remboursement, puisqu'ils se sont soutenus de 105 à 110, entre 1817 et 1821.

Le caractère essentiel des 3 pour 100, qui serait également constaté par les tables de *Sinclair*, est donc de telle nature que, d'une part, il tend à exciter, à enflammer la passion de l'agiotage, et que, de l'autre, il expose au plus grand péril, soit les joueurs entraînés par l'habitude, soit les rentiers déterminés par l'exemple.

Il y a dans ce simple exposé, de quoi motiver l'anathême contre les 3 pour 100, sous les rapports de la morale publique, de l'intérêt agricole, et du travail industriel; car le jeu est également leur ennemi mortel.

Cependant, un rapprochement très-piquant, fait par un orateur devenu ministre, indique comment des causes particulières à la France doivent aggraver encore ces résultats funestes.

(30 mai 1824.) « Nous avons vu, il y a 15 mois, la rente tomber de 93 à 75 francs : quand un mouvement de 18 à 20 pour 100 se faisait sentir

chez nous, à peine une fluctuation de 1 ou 2 pour 100 se faisait remarquer en Angleterre. »

Il conviendrait de mettre en tête de ces causes, et l'esprit national, qui est si disposé à l'exaltation dans les idées, à l'exagération dans les faits, et l'emplacement géographique qui met le royaume en état de solidarité, de communauté avec tout le continent, et la situation politique qui laisse tant de motifs de trouble, de discorde et d'inquiétude.

Mais en se bornant aux élémens constitutifs de la bourse, le ministre s'est chargé de les développer, de la manière la plus effrayante, le 24 avril 1824.

Dans une première tirade, il déclare que, dès cette époque, il s'était opéré un déclassement, un passage de la rente, des propriétaires aux spéculateurs, et qu'*une quantité considérable de rentes avait changé de mains*; puis il ajoute que le projet est venu contenir l'élan d'une hausse, qui, *plus elle eût été forte, plus elle eût encouragé les rentiers à vendre*, et les spéculateurs à acheter.

Dans une seconde tirade, il expose que les étrangers possèdent 25 millions de rentes, que si on conserve les 5 pour 100 au pair, ce *placement ne leur convenant pas, ils réaliseront au plus haut prix* les bénéfices qu'ils ont faits, et qu'il en résultera que nous aurons *encore engouffré dans nos fonds publics*, une masse de numéraire destinée à des emplois plus utiles. Ensuite il garantit qu'en substituant des 3 aux 5, leurs capitaux afflueront au contraire dans nos fonds publics, de sorte à conserver les nôtres aux besoins de l'industrie.

Or, en soustrayant de ces passages tout ce qui est impossible à comprendre, tout ce qui a été démenti par l'événement, la quintescénce des paroles ministérielles se réduit à ces deux points capitaux; l'un qu'il y avait en 1824 un déclassement considérable, lequel doit s'être augmenté, et peut s'évaluer à 25 millions de rentes; l'autre que les étrangers possèdent 25 millions de rentes, et se retirent avec leurs bénéfices, quand le placement ne leur convient plus.

Et le ministre ne fait point serment que les rentiers déclassés vont se reclasser aussitôt, sans quoi il existe cependant un déficit de 500 millions à la Bourse.

Le ministre prend l'engagement que les étrangers entreront dans les 3 pour 100, mais non pas qu'ils s'y fixeront à demeure, à défaut de quoi il surviendrait pourtant un nouveau déficit de 500 millions.

En sorte que les destinées du nouvel effet restent suspendues entre une déplorable certitude et des probabilités désastreuses.

Mais la séance du 24 avril n'est pas encore close, et le ministre qui jouit à l'avance de son triomphe, comme si c'était chose accomplie, semble s'attacher uniquement à le rendre plus éclatant encore, en jetant sur ses voies, des difficultés insurmontables en apparence.

(24 avril 1824.) « La conversion de nos rentes ne met aucun obstacle à ce que, plus tard, dans des temps de calamités ou de besoins urgens, vous préfériez, comme l'a quelquefois fait l'Angleterre, l'usage momentané des fonds de l'amortissement à un emprunt onéreux. »

Ici l'anxiété est grande. Est-il permis de relever une erreur flagrante, de faire donner un démenti aux paroles, par les faits mêmes? Eh bien! jamais l'Angleterre n'a fait usage du fonds d'amortissement dans des temps de besoins urgens, en place d'un emprunt onéreux. Ce fonds n'y a été réduit que deux fois, de 1728 à 1733, quand les 3 étaient au-dessus de 100, et en 1820 ou 1821, à l'effet d'abolir les taxes de guerre.

Le ministre termine en disant que c'est une ressource à laquelle il serait dangereux de recourir, suivant *son opinion*, mais qui se trouve ménagée dans *son système*.

Ainsi, quant à l'emploi futur de cette ressource le débat est ouvert entre son opinion et son système. Et comme son système, s'il se réalisait, deviendrait notre système, tandis que son opinion actuelle peut être remplacée par une opinion contraire, et qu'en outre le porteur de cette opinion peut être déplacé par le porteur d'une autre opinion, il s'en suit que le péril est grandement menaçant.

Chacun peut calculer les résultats; chacun peut voir ce que deviendrait ce fonds constitué à 5 pour 100 d'intérêt, et poussé d'abord à 75, puis à 80 et 85 peut-être, alors que le mécanisme de l'amortissement s'arrêterait.

Mais pourquoi dire ces choses? pourquoi prédire des hasards? Le ministère anglais, qui ne l'a jamais fait, le ferait mille fois, plutôt qu'il ne le dirait une seule fois : quant à celui qui le dit, ne doit-on pas croire qu'il est déjà tenté de le faire?

C'est surtout à l'occasion du projet sur la dette publique, et notamment à l'égard du mode d'amortissement, qu'on a pu observer quelle est la différence des procédés du ministre vis-à-vis l'une et l'autre Chambre. Pas le plus léger mot sur ce point n'est venu chatouiller l'oreille des députés, tandis que le cœur s'est dilaté, s'est librement épanché par devant les pairs.

(Exposé des motifs). La nouvelle combinaison de l'amortissement se réduit à lui interdire le rachat des rentes au-dessus du pair.

(16 avril.) L'intention n'est pas de priver d'une manière absolue les 5 pour 100 du bénéfice de l'amortissement...... Quand ils tomberont au-dessous du pair, l'avantage évident de l'Etat est de les amortir préférablement aux 3.

(26 avril.) Aussitôt que les 5 tomberont au-dessous du cours de 100, les rachats recommenceront, parce que ce sera dans l'intérêt de l'Etat de racheter plutôt des 5 que des 3...... L'Etat fera tout ce qu'il s'est engagé à faire, en soutenant le

prix de cette rente jusqu'au point où il peut la rembourser.

(27 avril.) Le seul droit des 5 pour 100 est de participer à l'amortissement lorsque leur rente est au-dessous du pair; et c'est ce que la loi leur accorde.

(28 avril.) Aussitôt que les 5 pour 100 tomberaient au-dessous du pair, le devoir de l'amortissement serait d'y reporter ses achats.

Voilà des déclarations implicites, manifestes, concordantes; la bonne fortune est rare.

Au-dessus du pair, il est interdit d'acheter des 5 pour 100; au-dessous du pair, il est enjoint d'y reporter les achats. Et c'est le devoir de l'Etat de les soutenir au pair; c'est l'intérêt de l'Etat de les amortir, plutôt que les 3 pour 100.

Il s'ensuit que leur droit de participer à l'amortissement s'ouvre au cours de 99 fr. 99 c., et tant qu'un seul coupon est offert à ce prix, commande l'emploi de tout le fond d'amortissement.

Or, mille causes peuvent et doivent faire fléchir les 5 au-dessous du pair, soit la pénurie des capitaux ou l'accroissement de l'industrie, soit la survenance de troubles politiques, ou l'apparence d'embarras diplomatiques, soit même l'échange du ministre actuel contre tel autre, sans doute moins habile et moins heureux en finances.

Et il est laissé au temps, pour se délivrer d'une

de ces œuvres de désastre et de mécompte, dont il accouche à des périodes presque régulières, un intervalle indéfini, jusqu'à ce terme où les derniers débris de notre vieille rente auront succombé dans le déluge de la conversion, ou sous les foudres du remboursement.

Mais alors qu'adviendrait-il des 5 pour 100? Ils ont été frustrés d'un cinquième de leur légitime; et par compensation, l'amortissement leur a été cédé à titre de legs. Si le legs est aboli, leur fortune paraît bien compromise.

Ce fonds de facture inédite est taillé à deux faces : le prix vénal doit en être fort différent, suivant que l'opinion se fixe sur l'un ou l'autre point de vue. Comme le denier vingt, proscrit en une certaine bosse du cerveau, n'est point encore émigré des terres de France, sa valeur se tient entre 55 et 65, au terme moyen de 60, en le considérant sous le rapport du revenu.

Mais c'est sous le rapport du capital, qu'il a été créé dans l'intention du fondateur. Afin que ses hautes destinées s'accomplissent, le capital a été élevé sur le papier de 60 à 100, avec une plus value de 66 2/3 pour 100; et de prime abord, avant qu'un seul fragment eût été soumis à la pierre de touche du crédit, la cote s'est vue inscrite, de par la loi, au taux de 75, à 25 pour 100 en sus de sa valeur courante.

Au sortir de son nid, l'aiglon des hautes Alpes n'a pas un essor moins brillant; et voyez cependant s'il se lance à travers une atmosphère de plus en plus raréfiée, avant que ses ailes aient acquis toute leur envergure; voyez comme il tombe à plat, pour peu que la foudre, qui ne cesse de gronder en ces parages, vienne à frapper, à consumer la pointe de ses plumes.

C'est l'image du jeune 3 pour 100. Les ailes de l'amortissement l'élevaient au-dessus de sa sphère; lui sont-elles retranchées, l'oiseau de l'empirée devient un oiseau de basse-cour.

La forme fantastique de ce fonds, devait se transformer en une substance réelle, par la magie de l'élévation progressive du cours vénal; et la mécanique des achats, en cessant de fonctionner, ne laisse plus de point d'appui aux efforts collatéraux qui s'unissaient à son action, ne présente plus de point de mire aux spéculations qui tentaient de devancer sa marche trop lente.

Or, il importe peu si les achats suspendus un instant, vont se reporter bientôt sur les 5 pour 100. L'œil de l'homme est tourné en arrière des temps; la mémoire le tient sous le joug; dans son idée, ce qui a pu arriver, doit arriver encore.

C'est au moment même, que le charme est rompu, et l'illusion éteinte. L'imagination impatiente de jeu, et indifférente entre les chances d'espérance ou de crainte, ne sera plus disposée, qu'à s'effaroucher, à s'épouvanter ; à la moindre inflexion de 5 pour 100, elle les verra revenus au pair, entraînés au-dessous du pair. Et les 3 pour 100 seront jetés en masse sur la place.

Tant d'artifices, tant de manœuvres, tournent souvent à la ruine des desseins les plus chers. Il valait mieux, mille fois mieux, que l'amortissement eût été voué au soutien des 5 pour 100 ; lesquels, bientôt garantis par le laps du temps, contre le risque du remboursement, allaient s'élever insensiblement sur une base plus solide ; déterminant ainsi un déclassement progressif parmi leurs porteurs, dont les fonds rentraient en partie dans un effet propre à flatter la cupidité, à tromper l'ennui.

Et il n'importe en rien quelle pourrait être, à l'époque fatale, la quantité existante des 3 pour 100 :

Paraissent-ils rares, épars et disséminés dans le vaste espace? l'isolement fomente l'inquiétude ; le petit nombre se fait peur de lui-même : à peine ils se sont comptés, qu'ils sont perdus. Il n'est pas possible qu'un fonds de 80 millions reste long-temps consacré à l'amortissement d'un dixième de la dette, pour le seul plaisir de la racheter avec perte. Il est évident qu'un tel mode doit être changé, puisqu'il a déjà occasioné la dépression des 5 au-dessous du pair, et qu'il nuit par conséquent aux 3, au lieu de les servir.

Les 3 pour 100 se montrent-ils épais, serrés, entassés les uns sur les autres. On sait quel est le caractère des masses : la plus faible cause les excite, les exalte. Il y a une réaction mutuelle et progressive entre leurs membres. Le mouvement général qui entraîne tout le monde, ne reçoit sa direction, son impulsion, que des efforts aveugles de chacun.

D'ailleurs, dans une forte quantité de rentes, il s'en rencontre nécessairement quelques portions qui doivent se réaliser à terme fixe, et qui forçant le cours, portent le trouble, suscitent l'effroi, favorisent les spéculations en baisse.

Il faut entrer dans la question du remboursement, où l'occasion est encore offerte de prendre le ministre par ses propres paroles : chose mille fois trop heureuse, car quel serait l'esprit assez présomptueux pour le combattre, argumens contre argumens.

(Exposé des motifs.) « Enfin, nous avons remis à l'avenir, et à des mesures nécessairement graduelles et divisées en plusieurs années, l'exercice du droit de remboursement ; si la faculté de conversion que nous offrons n'amenait pas des résultats tels qu'il nous soit permis d'y renoncer complètement..... »

(26 avril 1825.) « Cette crainte de remboursement a-t-elle d'ailleurs quelque chose de réel? Si, comme on peut le penser, une grande partie des rentiers reste dans les 5 pour 100, n'est-il pas évident qu'un remboursement rapproché est peu à redouter pour eux? Il était possible l'année dernière, et le gouvernement s'était assuré les moyens d'y pourvoir; mais, cette année, trente millions viennent d'être ajoutés à la dette publique,

et cette circonstance exigerait de nouvelles combinaisons, de nouvelles ressources, que l'Etat ne pourrait que difficilement se procurer. Qu'on cesse donc de s'effrayer dans l'intérêt des rentiers, et d'exciter leur inquiétude, en signalant sans cesse l'embarras où les placera la difficulté d'employer leur capital. Cet embarras n'arrivera peut-être jamais pour eux. »

(27 avril 1825.) « L'option étant laissée aux rentiers de conserver les cinq, et la crainte du remboursement n'étant que fort éloignée, tous ceux qui entrent dans les rentes, plutôt en considération de l'intérêt que pour le capital, conserveront les cinq. »

(9 mai 1825.) « S'il y a une masse raisonnable de conversions volontaires, il arrivera que le gouvernement et les deux chambrs, prenant en considération la position de ceux qui ont cru devoir rester dans les 5 pour 100, par des motifs à eux particuliers, et mettant peu d'intérêt pour le Trésor, au petit nombre des rentes qui resteront, il ne sera plus question devant vous des 5 pour 100. »

Ce dernier paragraphe, débité à la tribune des députés, fut vraiment inspiré par l'intention la plus touchante. Un pont d'or est jeté aux timides rentiers qui se seront refusés à passer sur la planche mal assurée de la conversion. Pour peu qu'il n'en reste qu'un petit nombre, il ne sera plus question d'eux devant les chambres : et leurs 5 pour 100, désormais inviolables, vont s'élever au-dessus du niveau des 3 pour 100, en sorte que les cours parallèles seront de 150 contre 75, puis de 180 contre 100.

L'affaire est belle ; il y a sans doute beaucoup d'appelés et peu d'élus, et le paradis ne doit s'ouvrir que dans le cas où les réprouvés seraient en grande masse. Mais les chances sont trop attrayantes ; chacun gardera ses 5 pour 100 et verra venir.

Les autres paragraphes sont plus sérieux : « Le remboursement sera divisé en plusieurs années..... Un remboursement rapproché est peu à redouter..... La crainte du remboursement est fort éloignée..... Cette crainte du remboursement a-t-elle d'ailleurs quelque chose de réel ?... L'embarras de placer leurs fonds, n'arrivera peut-être jamais pour eux. »

Il ne s'était pas encore rencontré, au moins chez un homme d'état, une conviction si forte, si profonde, qu'elle dût lui dicter ainsi les paroles les plus contraires à la réussite de ses projets ; car la conversion ne s'appuyant que sur le remboursement, si le remboursement s'esquive, la conversion tombe à bas. Une telle conviction commande la nôtre, sans aucun examen : avec tout autre ministre, il n'y a rien à craindre, avec celui-ci, moins que rien.

A la rigueur, cependant, son engagement n'est valide que pour un temps mal défini; en prenant un terme moyen entre les divers sens de chaque phrase, on pourrait le fixer à trois ans. Mais n'est-ce pas plus d'un siècle au pays si preste de France? En trois ans, combien de vagues passent sous le Pont-Neuf; combien de ministres passent par le guichet du Louvre!

Et dans l'intérieur, l'intérêt agricole bientôt obéré au dernier degré, l'œuvre industrielle sans cesse s'accroissant d'essai en essai, ne vont-ils pas accourir, d'un pas presqu'égal, bien que par des routes différentes, pour soustraire aux capitaux engouffrés à la Bourse, d'abord telle parcelle, puis telle autre, dont l'addition monte enfin à une somme énorme.

Au dehors, les relations diplomatiques, souvent serviles et toujours stériles, ne doivent-elles pas reprendre un cours analogue à nos destinées naturelles, arrachant le gouvernement aux ténébreux erremens de l'agiotage et le transportant sur ces hauteurs, où le thermomètre de la Bourse tombe à zéro, où se déploie aux regards l'immensité des moyens et des besoins du royaume?

Viennent donc les trois ans; deux ans seulement. Pendant cet intervalle, comment se comporte le cours des 5 et des 3 ? Tout s'oublie, le mal passé n'est que songe ; le mal futur est moins encore. Les espèces l'emportent; contre le poids des 5, le fêtu des 3 n'a pas beau jeu à lutter. On voit les uns à 104, à 108, plutôt que les autres à 78 et à 81. C'est une aubaine pour ceux qui veulent vendre.

Quant aux rentiers qui entendent garder leurs effets, ils se sont appropriés, par provisoire, de 2 à 3 pour 100 sur l'intérêt excédant. Et qu'est-ce que le sort leur ménage ? S'il faut en croire le ministre, il n'est pas déjà si facile de rembourser la dette publique ; cela sera encore moins facile avec le temps.

Au fait, c'est la conversion qui tente ; elle sera offerte encore, encore accordée. Seulement dans la crainte d'un nouvel échec, la pilule sera mieux dorée ; il y aura quelques douceurs, même pour les paresseux, quelques primes en faveur des empressés.

On sent que les trois mois étaient un délai de convenance et non de rigueur ; il sera prolongé. Le 5 août renaîtra de mois en mois et d'années en années. Pour l'état, c'est bien un profit net que la conversion ; il serait trop bête aussi d'imposer un terme fatal, passé lequel les portes du sanctuaire resteraient fermées aux offrandes des nouveaux convertis. Vous avez tout le temps, mes amis.

Et l'honneur, dira-t-on, l'honneur du ministre, que devient-il? Où donc le ministre va-t-il mettre son honneur? La chose est faite, il n'y a plus à dire. Il faudra sauver l'honneur, il faudra colorer l'offre suppliante de la conversion, au moyen de l'intarissable menace du remboursement.

Mais on ne chicane plus que pour la forme; l'affaire est jugée au fond. Les ressorts de l'illusion et de la terreur sont brisés : désormais les banquiers ne joueront plus sur la foi de leurs déceptions, sur la chance de pousser le cours à 80 ou 85, et de réaliser à ces prix. Que ce soit à tort ou à raison, la ferveur est éteinte, il faudrait inventer un nouveau culte. Où le prendre?

Désormais le ministre ne s'avancera plus avec 370 millions pour rembourser 2 milliards 800 millions. La mine est éventée. Remboursez, crierait-on de toutes parts; et, l'opération accomplie, il lui resterait sur les bras 2 milliards 400 millions de plus en plus intraitables. Qu'en ferait-il?

Encore, cette somme d'une certaine rondeur ne se présentait si gaillardement, que dans la confiance de clore la marche, de combler le gouffre des emprunts; et cet intérêt à un taux inusité n'était généreusement consenti que par l'espérance de palper une prime double et triple, au moyen de la hausse. On n'y sera plus pris.

Dans tous les cas et dans tous les temps, les rentiers seront laissés à leur libre arbitre pour passer des cinq aux trois, et n'ont d'autre péril à courir que d'y être admis au-dessous du cours de 75.

Peut-être y a-t-il moyen de disputer sur le proverbe : un bon tiens vaut mieux que deux tu auras. Mais il est un axiôme qui ne craint point la critique : un bon tiens vaut mieux que deux tu n'auras pas.

La conscience et l'esprit vivent à part et ont leurs besoins distincts : il faut à l'une des principes, à l'autre de la nouveauté ; mais comment trouver un aliment qui satisfasse à la fois ces deux sortes d'appétits ? L'honneur de l'invention était réservée au restaurateur du crédit public.

(24 avril 1824.) « Qu'on songe aux contribuables et qu'on nous dise si la mesure de la réduction du cinquième sur les intérêts des rentes sera *plus onéreuse* ou *moins juste* que l'impôt du cinquième sur le revenu des propriétés foncières. »

Dans *le Moniteur* il est écrit : *sera* et non pas *serait*. Ce dernier mot aurait exprimé un sens conditionnel, un acte éventuel : et ce n'était point cela ; il s'agissait d'un systême en voie d'exécution. La mesure de la réduction, ou, pour parler vrai, de l'impôt du cinquième sur les intérêts des rentes, était déjà résolue, arrêtée irrévocablement : tout ce qui se passait en dehors du cerveau créateur, à la vue des Chambres et des peuples, n'avait rapport qu'au mode d'accomplissement.

En face de ce principe, quelque peu acerbe ce

semble, tous les moyens devaient paraître au ministre doux comme miel à l'idée. Le remboursement, d'abord mis en avant, prenait un caractère de galanterie; la conversion proposée ensuite était tenue presque pour une bassesse. Ce n'est pas sans honte et sans douleur qu'une conscience rigide se prête à de tels ménagemens.

De là on conçoit ce qu'on n'avait pas conçu encore, comment le ministre, en se résignant à prendre des voies détournées, a pu présenter ses mesures, à titre de faveur, de grâce spéciale; comment il a pu fixer un délai fatal, après lequel les indignes n'y pouvaient plus participer.

Au moyen de ces artifices du langage, les rentiers semblent être mis en tort, et leur résistance rend le triomphe plus éclatant. Le remboursea échoué; fort bien : la conversion a manqué; encore mieux. C'était assez et trop de déviations : le ministre rentre dans la bonne voie, dans la voie infaillible, celle de la réduction pure et simple, ou de la fixation de l'impôt du cinquième sur les intérêts des rentes.

Dès-lors il n'y aura point de compagnies à intervenir, point de bénéfices à allouer, peut-être même point de hausse à attendre. L'affaire se traitera à huis clos dans le conseil de famille; et là, il sera débattu si, tout compensé, un cinquième est plus onéreux à payer qu'un cinquième; s'il est moins juste d'imposer celui à qui l'Etat doit, que celui qui doit à l'Etat, etc.

Laissons couver l'heureuse idée; laissons mûrir des temps propices, et bornons-nous à démontrer qu'il n'existe plus que ce mode, pour accomplir le grand œuvre de la réduction.

La conversion a été offerte, est offerte, sera offerte. Ne faudrait-il pas que le cœur fût bardé d'un triple airain, pour retirer jamais aux rentiers la *faculté de requérir* qu'il leur soit payé un pour cent de moins sur leurs intérêts? Mais la denrée offerte se déprécie de jour en jour : il fallait prendre les gens au premier mot; trop heureux encore de trouver marchand. Il fallait tenter d'allécher avec des 3 à 65, balançant ainsi les 35 pour 100 de capital adjacent avec les 5 pour 100 de capital substanciel. Maintenant tout est fini : les moutons s'obstinent à ne pas livrer leur toison.

Un dernier moyen vraiment de conception satanique échouera ainsi que ses devanciers. Que le Ciel nous garde d'en accuser le ministre! Mais les valets sont si sottes gens, si plattes gens, que rien n'étonne de leur part.

« Les destins l'ont voulu. Il y aura peu de conversions, 15 ou 20 millions au plus, et les rentes de l'indemnité n'assommeront pas la place. Or, voyez quel sera l'effet d'un amortissement de 80 millions sur cette minime quantité de rentes : on n'en a pas d'idée; le cours jaillit à 80, 85, et monte encore. Personne ne veut des 3 : soyez plus fin que personne et votre fortune est faite. »

La réponse sera courte et sèche. S'il n'y a que 15 ou 20 millions en 3 pour 100, l'amortissement va être aussitôt restitué aux 5, à moins qu'on ne projette un emprunt qui en doublerait la masse; et, de plus, les 3 étant en totalité à vendre ou à reporter, il suffit de la moindre cause pour les ramener à leur valeur réelle, à 60 et au-dessous.

Quant au remboursement, la question est plus compliquée; mais sa solution n'est pas moins claire.

Voici comment le ministre entendait cette opération, l'année passée :

(31 mai 1824.) « On a prétendu que si 2 milliards 800 millions nous étaient demandés, il nous serait impossible de les fournir. Nous avons répondu qu'il serait aussi impossible à nos créanciers de les *utiliser* ailleurs, qu'à nous de *les leur payer.* »

Et voici comment il en parle en ce moment :

(9 mai 1825.) « S'il y a peu de conversions, on aura un effet au-dessus du pair, lequel effet, *par suite de l'agiotage*, aura été poussé à une valeur supérieure à celle qu'il devait avoir : de là résultera la facilité d'emprunter des 3 pour 100 à

80 ou 85, et de rembourser une masse quelconque de 5 pour 100. »

Il faut l'avouer, cela semblait étrange, qu'un Sully, un Colbert, un Necker au moins, imaginât d'atteler un emprunt à la suite de l'agiotage, et qu'un ministre de 1824 et 1825, s'amusât à concevoir un emprunt à 3 et demi pour 100. Rien n'a soulagé comme de voir que le ministre ne pensait pas un mot de tout cela, ainsi qu'il est constaté par ce discours antérieur.

(28 avril 1825). « Si on faisait monter les 3 pour 100 à *un cours factice*, les soumissionnaires de l'emprunt auraient assez d'intérêt à examiner l'état réel de la Bourse, pour ne pas se méprendre sur le véritable taux de l'intérêt. »

L'affirmation et la négation se détruisent : il n'y a rien de dit.

Mais quand les écus viendraient à pleuvoir comme la rosée du printemps, encore faudrait-il que le sol desséché eût été ouvert et ameubli par la charrue, pour s'en approprier les douces influences.

Or, comment les chambres qui n'ont pas voulu en 1824, qui n'auraient pas voulu en 1825, seraient-elles induites à vouloir en 1825, ou 1826, ou 1827 ; comment pourraient-elles sanctionner jamais un système où il n'est possible de payer qu'autant qu'il est impossible de recevoir, où en place d'offres réelles, il n'est fait que des offres illusoires et comminatoires, où les fonds, si bien utilisés par l'état, sont rendus lorsqu'il n'y a plus moyen de les utiliser, où le crédit de l'état se voit compromis dans l'avenir, sans être favorisé pour le moment, où la culture et les fabriques perdent des capitaux au lieu d'en acquérir, où l'amour des peuples est ébranlé, l'influence au dehors perdue, l'action du gouvernement intervertie.

Et cela se ferait que rien ne serait encore.

La thèse a changé de face : jadis il n'y avait que des écus épars et timides à se mêler de l'affaire ; maintenant son jugement ressort des esprits, et les esprits sont montés, sont irrités. Ne parlez plus de 3 milliards à utiliser : pensez plutôt aux haînes, aux vengeances à assouvir.

C'est l'opération Césarienne que vous avez entreprise : et soit que les outils manquent à votre dextérité, ou que la dextérité manque à vos outils, au lieu de tailler largement et vivement dans les chairs, vous ne savez que déchirer, meurtrir, envenimer la plaie.

« Messieurs, disiez-vous en 1824, les fonds sont prêts et nous pèsent fort ; nous vous offrons la préférence de la conversion : si vous la refusez par humeur, nous usons de notre droit, nous vous remboursons. »

« Chers amis, dites-vous en 1825, cessez de vous effrayer, la crainte du remboursement n'a rien de réel; mais voici une bonne affaire : cédez-nous un cinquième sur l'intérêt, et nous vous gratifions d'un tiers sur le capital. »

Prétendez-vous réitérer l'offre de la conversion : le libre arbitre existe; on refusa d'abord par humeur, on refuse ensuite *à fortiori*.

Tentez-vous d'exhumer la menace du remboursement : votre puissance n'est qu'en paroles; on attend qu'elle agisse; on attendra longtemps.

Vainement vous vous retournez de droite et de gauche, en avant et en arrière : rien ne peut empêcher que les rentiers refusent ou attendent.

Et s'il étoit besoin, qui donc oserait s'opposer à ce qu'ils se réunissent, pour conférer de leurs intérêts, pour instituer un syndicat. Les actionnaires de la Banque et du Phénix sont formés en société; les charbonniers font un corps, on dit même les chiffonniers. Se pourrait-il que les rentiers fussent déchus jusqu'à la caste des *Parias*.

L'exécution est facile. Dans chaque mairie, un notaire, un particulier invite les porteurs de 5 mille livres de rente, qui désignent quelques membres pour l'assemblée générale où la question est posée, s'il faut refuser ou non, s'il faut attendre ou non. Et cela consume peu de temps, commande peu de paroles.

Le ministre ne craint que deux choses, d'abord de se tromper, puis de tromper : par cette voie, les rentiers s'éclairent et l'éclairent : sera-t-il donc content ?

Tout est consommé. Il fallait emporter la place d'assaut ; il fallait s'entendre en finances, connaître les hommes, se connaître soi-même.

Maintenant, quoi qu'il soit dit ou fait, même dans le droit sens, telle est la masse des préventions acquises, que tout serait mal pris, mal compris.

C'est bien triste ; mais enfin on sera forcé de revenir à la réduction pure et simple, à cette réduction pas *plus onéreuse*, pas *moins juste* que toute autre, en un mot à l'impôt du cinquième sur les intérêts des rentes.

Ici le bistouri ne va pas à gauche ; le membre est enlevé sur l'heure : à peine le patient a-t-il le temps de jeter un cri. Et si les forces vitales sont quelque peu altérées, bientôt elles reprennent et se relèvent, tandis que l'état prolongé d'angoisse et de langueur allait les épuiser sans retour.

POST-SCRIPTUM.

Le Moniteur du 20 juillet dit :

« Parce qu'en février 1770, l'abbé Terray a élevé l'intérêt de 4 à 5 pour 100, il faut que la borne reste à jamais où il l'a posée. Telle est pourtant l'absurde proposition, etc., etc. »

Et il ne dit pas que l'intérêt avait toujours été fixé à 5 pour 100 jusqu'à l'édit rendu en 1766, sous M. de Laverdy.

Il ne dit pas que l'abbé Terray n'avait pas osé toucher aux rentes sur l'Hôtel de Ville, qu'on appelait le *pot au feu de Paris*, et que, sans les réduire précisément, il ne fit des fonds que pour les quatre cinquièmes des intérêts.

Il ne dit pas que son mannequin fût brûlé par la populace, et que lui-même manqua d'être noyé en traversant la rivière à Choisy. (Théorie du Crédit Public, pag. 235-246.)

Le Moniteur poursuit :

« Si la conversion est faible, l'amortissement agissant sur un capital *peu étendu*, élèvera *promptement* les 3 pour 100, et alors le Gouvernement n'aura que *le choix* des moyens de rembourser, etc. »

Mais pourquoi le ministre attache-t-il donc tant de prix à la conversion, à moins que ce ne soit pour se délivrer de l'embarras du choix ?

Et comment le Moniteur ne s'aperçoit-il pas que ce capital, peu étendu, s'étendrait au double, si l'emprunt devait rembourser seulement le sixième des cinq restans ; de sorte que les trois baisseraient promptement.

Comment le Moniteur ne se rappelle-t-il pas ces paroles du ministre, que si on faisait monter les 3 à un cours factice, pour opérer un emprunt, les banquiers ne pourraient se méprendre sur le véritable taux de l'intérêt.

« L'intérêt des porteurs de rentes est de se placer dans le fonds public, qui *du moins* présente des chances de hausse, *pour compensation* de celles de baisse, plutôt que de rester dans celui qui, abandonné à lui-même, n'aura plus que ces dernières à subir. »

Le Moniteur a encore perdu la mémoire ; car il a été dit et redit par le ministre, qu'au-dessous du pair, l'amortissement se reporterait sur les 5.

Et il a perdu plus que la mémoire, en déclarant naïvement que les chances de hausse et de baisse se compensaient dans les 3 ; ou du moins il aurait dû démontrer que la perte de l'intérêt s'y compensait aussi par quelque bénéfice encore peu connu.

« Admettons que le besoin arrive, et que l'Etat soit obligé d'emprunter. Alors il choisira celui de ses effets qui lui fournira des capitaux au moindre intérêt. Ce sera à le *soutenir* et à l'élever, qu'il emploiera sa vigilance et *ses ressources*. »

Les 3 doivent supporter ainsi tout le fardeau des emprunts d'obligation et des emprunts de fantaisie ; et l'on ne voit pas comment l'Etat pourrait les soutenir autrement qu'avec les ressources qu'il aurait empruntées d'eux.

« Les porteurs des 5 pour 100 n'auront désormais rien à demander à l'Etat, que le paiement exact des intérêts, jusqu'à ce qu'il lui *convienne* de rembourser le capital. »

Les porteurs ne demandent que cela, quant aux intérêts. A l'égard du capital, ils attendront qu'il convienne à l'Etat de les rembourser, se tenant pour certains que les graves motifs qui s'y opposent maintenant, s'y opposeront toujours.

« Le moment n'est pas loin où les illusions que l'on réchauffe tous les matins auront cessé ; et ceux-là se préparent des regrets cuisans, qui auront suivi la direction que cherchent à donner aux esprits, des écrivains *passionnés*, de qui, on le répète, l'intérêt bien connu n'a rien de commun avec celui des rentiers. »

La plume tombe des mains : sauf les illusions réchauffées, le morceau est parfait. Mais, pour Dieu, que les rentiers ne manquent pas de corriger, sur leur exemplaire du Moniteur, la faute d'impression qui suit :

ERRATUM :

Au lieu de *passionnés*, lisez *pensionnés*.

FIN

PARIS, DE L'IMPRIMERIE D'A. EGRON,
rue des Noyers, n° 37.

DES
TROIS POUR CENT.

DERNIERS APERÇUS.

Noli me tangere.

PARIS,
ADRIEN EGRON, IMPRIMEUR-LIBRAIRE,
RUE DES NOYERS, N° 37.
PONTHIEU, LIBRAIRE, AU PALAIS-ROYAL.
1825.

On trouve chez les mêmes libraires :

Discussion sur les Rentes, 1824.
Discussion sur le Sel Gemme, 1825.
Du Projet d'Indemnite, etc. 1825.
Premier, deuxième et troisième Aperçus sur les Trois pour Cent, 1825.

DES
TROIS POUR CENT.

En 1824, le ministre parvient à glisser cette phrase dans le discours émané du trône : « Des mesures sont prises pour assurer le remboursement des rentes sur l'Etat ou obtenir leur conversion au taux actuel des autres transactions : » n'hésitant nullement à résoudre ainsi la question légale du remboursement, à reconnaître ainsi la baisse de l'intérêt à 4 pour 0/0, et ne craignant point d'exposer les paroles royales à se voir contredites et infirmées par l'arrêt définitif des Chambres.

Puis il entretient la Chambre des Députés d'une réduction de 28 millions sur les impôts, et du reflux des capitaux vers les provinces; la Chambre des Pairs, de l'élévation progressive du crédit et de l'accroissement de la richesse publique; l'une et l'autre Chambres, de l'espérance de fermer les dernières plaies de la révolution.

On connaît le vote négatif qui réfuta ses dires, réprima ses actes, rejeta au plus loin ses projets et ses vœux.

En 1825, le ministre revient à la charge; et, mieux avisé cette fois, se borne à solliciter, comme au nom des rentiers, une loi qui leur accorde la *faculté* de requérir des trois et des quatre et demi, qui les *admet*, suivant les termes de l'ordonnance, à *obtenir* l'échange immédiat de leurs titres contre de nouveaux titres.

Les pouvoirs adoptent et renvoient l'affaire au tribunal de l'opinion, pour être jugé au fond. L'instruction commence alors; les réquisitoires et les plaidoiries se succèdent : trois et un font-ils quatre, ou font-ils cinq? C'est ainsi que la question est posée. Et songez que la cour plénière n'est composée que de personnes intéressées : le ministre aura trop compté sur la vertu humaine.

L'opinion ne se laisse ni tromper, ni intimider. Un premier échec a enlevé toute influence : la fièvre, abattue par des saignées copieuses, s'est changée en un état de langueur. Quant à la peur, il lui faut, pour triompher, saisir à l'improviste, surprendre l'imagination : son coup d'essai doit être le coup de grâce.

C'est un nouveau revers; et cela compte enfin,

ou du moins cela comptera : vienne le temps seulement.

Mais nous ne sommes qu'au 6 août, et nous lisons dans le rapport des commissaires,

1°. Que la conversion monte à 30 millions 700 mille francs, en seize mille quatre cents parties ;

2°. Que les trois mois ont produit 18 millions, et les deux derniers jours, 12 millions;

3°. Que 6,700 parties ont fourni seize cent mille livres de rentes, en certificats d'emprunt.

Et les porteurs de certificats, au moyen terme de 250 livres de rentes, ne devant pas être compris au nombre des rentiers convertis, ceux-ci se trouvent réduits au-dessous de dix mille.

Or, il y avait sur le grand-livre deux cent mille parties prenantes ; il y aura sur le livre des trois pour 0/0, dix mille parties, sur le livre des cinq pour 0/0, cent quatre-vingt-dix mille parties : lequel des deux restera le grand-livre ?

La nation des rentiers se montre à l'unisson de la nation des contribuables ; dans l'une et dans l'autre, le vingtième bien juste marche de compagnie avec le ministre, et, pour achever le parallèle, parmi le vingtième de celle-ci, les neuf dixièmes sont gagnés ou soldés, de même que parmi le vingtième de celle-là, les neuf dixièmes ont été séduits ou contraints.

D'où il suit que l'ascendant personnel du ministre, exercé par l'action de son génie et sous les limites de la vérité, n'entraîne, n'emporte, n'enlève, soit dans la sphère bursale, soit dans la sphère politique, que le dixième du vingtième des sujets de notre bien-aimé souverain. Ne voilà-t-il pas un homme bien fort, un homme bien habile et bien heureux?

On voit qu'il ne se soutient qu'à l'aide de son petit commerce. Laissez-le faire, laissez aller; en fait d'industrie, c'est l'axiôme capital : le marché doit être libre; toute denrée à vendre est à acheter. La loi a aboli la vénalité des charges, mais non pas celle des consciences. Rome fut, dit-on, sur le point de se vendre; chaque jour, en Afrique, en Turquie, il se vend des humains, en chair et en os : Paris seroit-il donc privilégié, et l'honneur est-il plus précieux que l'existence même.

Le siècle marche. Tout circule, tout se nivelle : les consciences, effets de même sorte que les trois pour cent, sont presque en totalité mobiles et flottantes, se vendent au comptant, à terme, peut-être à prime; et, sous peu, il paraît qu'on doit les reporter à demi pour cent, les escompter au besoin, les liquider fin du mois, toutefois tant que ne manqueront pas les écus.

Il faut bien que je vive : on ne peut donner une

raison plus valable, attendu que la réponse à faire serait trop rude. Passons vite.

Mais au moins n'y avait-il pas moyen de se sustenter amplement avec la pièce de bœuf des cinq pour cent, sans prendre la peine d'élever à grands frais, en sa place, le fragile plateau des trois pour cent? Ici, c'est du caprice pur; la nécessité ne parlait pas.

Or, comment avez-vous acquis ou conquis trente millions de conversions? Une portion s'est opérée par ordre : le patient avait l'option entre deux genres de torture, ou de perdre sa place ou de risquer sa fortune. Cette fois, la conscience n'était pas en jeu. Il est peu à plaindre; vous êtes peu à blâmer.

Songez seulement que le *compelle intrare* n'enfante en religion que des fourbes, en politique que des traîtres. Déjà la bonne ou mauvaise compagnie qui forme votre cour, ne laisse pas que de jeter un coup d'œil furtif de droite et de gauche, jalouse qu'elle est de se retourner à propos en cas d'événement; et chaque franc de baisse sur les trois tend puissamment à convertir les désirs en espoirs, les espoirs en efforts, les efforts en succès. Vous l'apprendrez trop tard.

L'autre portion des conversions ne s'est effectuée qu'à l'aide des menaces, des promesses, des manœuvres. « Les vieux cinq seront remboursés, c'est immanquable ; les jeunes trois monteront à 80 et 85, c'est immanquable. » Et ce qui était plus immanquable encore, des centaines de millions ont soutenu l'effet des vains discours.

Tout gît dans l'exhaussement des trois. Devez-vous y réussir? Le triomphe n'absout pas; la question intentionnelle reste à juger.

Mais la réussite est impossible. Les 30 millions convertis n'entrent dans les trois que pour en sortir; les 30 millions de l'indemnité, relégués dans les trois, aspirent à s'en échapper. En déduisant les achats de l'amortissement, il faut un milliard pour rembourser les détenteurs, au cours de 75; il faut un milliard qui vienne de l'étranger et n'y retourne jamais, car nul régnicole ne se laissera inscrire en leur lieu que pour réaliser, à quelques francs de bénéfice, à quelques jours de délai. Il y a donc déception dans les espérances suscitées.

Les cinq constituaient le signe d'échange, remplissaient l'office du numéraire, de la monnaie, au marché où venait s'offrir la denrée des trois; et comme le cours vénal de la denrée n'avait point encore été coté, comme sa vente devait se conclure à prix fixe, il a fallu déprécier le signe, avilir le titre de la monnaie, au moins en imagination. C'est ce qui a été fait au moyen de la menace du remboursement.

De plus, il a été jugé convenable, afin de pouvoir négocier la denrée à 25 pour 0/0 au-dessus du prix réel, d'exagérer sa valeur future, et de garantir en paroles, une hausse excédante de 10 à 15 pour 0/0. C'est ce qui a été fait au moyen du titre simulé des trois pour cent; puis, à l'aide de tant de sornettes débitées sur la baisse de l'intérêt, sur l'exubérance des capitaux, sur les rapports du crédit de la France et de l'Angleterre.

En trompant les rentiers sur le prix du signe d'échange, il y a eu fraude; en trompant les rentiers sur la valeur de la denrée mise en vente, il y a eu dol.

Et quant aux manœuvres, quel qu'en fût le motif, quel qu'en soit le résultat, la criminalité saute aux yeux, pour se servir des expressions du *Moniteur* (20 juillet).

Le projet qui accordait une faculté n'était qu'innocent; les mesures qui en ont forcé l'exercice sont coupables.

Justice sera-t-elle faite? Qu'on y songe bien: car autrement la route est ouverte à tous les délits et à tous les désastres ; la fraude et le dol passeront en usage, en loi, en devoir peut-être. Que n'a-t-on pas vu déjà?

Le sort, souvent moins aventureux que le caprice, a sauvé le ministre. A tout risque, à tout prix, il tentait l'impossible, et l'impossible n'a pas cédé à la vanité de ses efforts : sans la force d'inertie des choses, qui seule préserve encore l'ordre social contre la frénésie de l'homme, le ministre perdoit l'équilibre ; le pied lui glissait sur le parquet tremblant de la Bourse.

Supposons que la conversion se fût élevée à 100 millions, et analysons les divers principes d'action qui y auraient coopéré.

L'appât de la hausse avait décidé les spéculateurs, les détenteurs de la dette flottante. Ils entraient dans les trois à 75, se croyant certains que le cours allait monter à 77, 78, à 80 et plus : aucun d'eux ne voulait vendre au pair ; et les uns possédaient des capitaux, les autres trouvaient des reports. Pendant trois et six mois, jusqu'à l'ouverture des Chambres, ils attendaient l'apparition du projet n° 3, lequel devait faire merveille.

La crainte du remboursement avait entraîné les rentiers, les propriétaires de la dette classée. Ces gens-là ne tiennent qu'au revenu, n'entendent ni à hausse ni à baisse, n'aliènent jamais : la vente des trois à 75 ne leur produisait pas davantage que le paiement des cinq à 100 ; et des prix élevés les repoussaient au lieu de les séduire, attendu que le remboursement, devenu plus menaçant, empêchait d'acquérir des cinq, ou d'espérer d'autres placemens

Les premiers tenaient à un prix haut, les seconds ne lâchaient à aucun prix. Ainsi, au-dedans de la Bourse, il n'existait point de mobile de baisse ; et on doit observer que du dehors, il peut survenir un mouvement en hausse qui ne requière que des fonds pour acheter, mais non pas un mouvement en baisse qui ne s'opère qu'au moyen des rentes à vendre.

Or, il faut du jeu, en quelque sens que ce soit. Le jeu se jetait, se précipitait dans la seule voie qui lui fût ouverte, dans cette voie dont la borne avait été posée au plus loin, par le titre légal de l'effet nouveau. Et le jeu était excité, exalté, tant par les banquiers de l'emprunt, que par les possesseurs de la dette flottante, les uns et les autres également empressés de réaliser avec bénéfice; il était soutenu et supporté par la facilité des reports, lesquels abondent sur la place, tant que le cours est ascendant.

La masse des trois pour cent, énorme et compacte, obéissait à la loi commune qui régit la matière et les esprits; c'est en proportion de l'intensité des masses, que l'effervescence et la fermentation, d'abord plus lentes à y pénétrer, se fixent à demeure, se propagent à l'abri, ne cessant leurs ravages qu'après avoir atteint au terme final de la dissolution.

Il y avait une hausse infernale, puis une baisse successive, progressive : les capitaux s'évaporaient, le crédit s'évanouissait; toute dette était exigée, nulle échéance n'était ajournée. Et la ruine du royaume, la perte du ministre se compensaient mal: car il suffit d'un instant, d'un hasard, pour nous délivrer de lui, à jamais.

Mais est-il donc heureux? Sa parole se fatigue; les plumes gagées s'agitent; tout est en mouvement pour assurer le triomphe des projets. Et voilà que cette parole, que ces plumes rebelles comme par instinct, à la volonté qui les souffle, travaillent dans un sens contraire : nul ne peut assez admirer avec quel art elles ont honni et baffoué la cause qu'elles semblaient défendre; et s'il était un prix à décerner, les souteneurs du système devraient l'obtenir, plutôt que ses adversaires mêmes. D'une part on a parlé très-bien, de l'autre on a répondu très-mal : pour l'effet, il n'y a nulle comparaison.

Le ministre est sauvé malgré lui : on croirait

qu'il va demeurer en paix : mais Marius ne se mit à philosopher que sur les ruines de Carthage. L'honneur le tourmente ; et quelque pointe d'humeur vient l'éveiller, le chatouiller, sur le lit de repos du 6 août.

En vain le proverbe lui crie que pour réussir, il ne faut ni honneur, ni humeur : le caractère l'emporte sur la leçon. C'est un besoin que de faire, et défaire et refaire : le présent n'est plus qu'un point d'appui prêté à l'homme, pour s'élancer au vague de l'avenir : laissons là l'éphémère fantôme de la réalité; l'idéal seul nous présente un but, une fin. Tel est l'esprit de ce siècle si vanté; rien n'en rend mieux l'image que la fable de Pélias, mis en pièces et jeté dans la chaudière, d'où il doit ressusciter et renaître brillant de jeunesse.

Cependant l'œuvre devient de plus en plus difficile. Les Chambres sont dégoûtées par des essais malheureux, par des échecs humilians. Il se peut que quelque scrupule pénètre au secret des consciences législatives; au moins il s'y développe des regrets, si ce n'est du repentir, des doutes, si ce n'est de la défiance, des craintes, si ce n'est de l'épouvante. On sera contraint de se dissimuler aux regards scrutateurs, de se faire si petit, qu'il y ait à peine moyen de vous saisir, de vous reconnaître.

De la première à la seconde tentative, le ministre s'était déjà étrangement limité. D'abord il se portait fort d'emprunter 5 milliards, de rembourser 3 milliards, de confectionner toute la matière brute des cinq, sous les brillantes formes des trois. Un an après, ce n'est plus rien de tout cela; ce n'est plus qu'une option à proposer, qu'une faculté à concéder, qu'une admission à accorder : et nul n'est du nombre des élus, qu'autant qu'il lui plaît de s'élire lui-même, si bien que l'Elysée reste désert.

Maintenant le ministre voudra moins, et voudra plus, moins en effectif, et plus en apparent. En son âme et conscience, la cause est perdue; il n'en appelle que pour la forme. Voici le texte de sa loi :

« 1°. Le ministre des finances est autorisé, pendant un délai de cinq années, à garder ouvertes au large, les caisses du trésor, et à tenir nettes de toute tache, les feuilles du grand-livre, à l'effet de recevoir et de transférer, soit les écus de bon aloi, soit les rentes au vieux titre, qui viendraient s'offrir bénévolement en échange des trois pour cent au taux de 75 francs.

« 2°. Le ministre pourra ou devra (le mot est indéchiffrable sur la minute) diviser la masse des cinq pour cent, au moyen du sort, en cinq séries remboursables par année, au cas toutefois que cette masse ne se soit pas précipitée tout d'abord au-devant des faveurs dont il daigne la gratifier.

« 3°. Afin de réduire autant que possible le *quantum* des emprunts, le ministre devra ou pourra, allouer telle et telle prime, qu'il verra bon être, aux propriétaires dans les cinq, qui donneront, les premiers, le noble exemple de se métamorphoser en agioteurs dans les trois.

« Le tout ayant été mûrement délibéré, et devant être ponctuellement exécuté, nonobstant clameur de haro, charte normande et lettres à ce contraires; car tel est notre bon plaisir. »

Or, il n'y a rien de mieux, en droit, puisque le bon plaisir des législateurs se soumet humblement au bon plaisir des rentiers et des prêteurs; en fait, puisque le bon plaisir de ceux-ci ne se soumettra pas follement au bon plaisir de ceux-là.

Le détroit de la Manche n'est que de sept lieues, dit-on : avec les bottes du petit Poucet, c'était l'affaire d'une enjambée; elles ne se sont pas rencontrées sous la main. Il a fallu se borner à jeter un coup d'œil sur l'Angleterre, à travers une lunette quelque peu trouble.

Parmi les réductions qui ont eu lieu dans ce pays, on doit mettre de côté celles de 1716 et de 1727, comme ayant été négociées à l'amiable avec la Banque et les compagnies de l'Est et du Sud, qui possédaient alors les trois quarts de la dette publique. (Sinclair, vol. Ier., p. 485-494).

Lors de la troisième réduction de 4 à 3, en 1750, les trois pour cent étaient à 101, et s'y tenaient depuis près de 20 ans, sauf quelques baisses passagères. (Vol. Ier., p. 54, et vol. 2, tables).

Lors de la quatrième réduction de 5 à 4, en 1822, les quatre pour cent étaient à 96, et n'avaient fléchi au-dessous de ce taux depuis 1817, que dans la baisse générale de 1819, ainsi qu'on peut le voir dans le document fourni aux Chambres.

Il est clair que le ministre, en proposant sa réduction en 1824, quand les cinq pour cent avaient à peine atteint le pair, a fait une étrange confusion, de l'effet qui doit être remboursé, avec l'effet qui doit rembourser.

« Les cinq sont à 101 : je les rembourse, dit-il. — En empruntant au cours, vous ne gagnez qu'un pour 100. — Non, j'emprunte en 4 à 100, ou en 3 à 75; j'y gagne 20 pour 100. — Attendez donc que la hausse de nos cinq ait garanti un tel taux à vos 4 ou à vos 3. — Non, cela prendrait trop de temps; je vais créer l'effet, créer le cours. — Le papier ne vous manquera pas; mais possédez-vous les écus, les esprits ? »

Cependant de quelque manière qu'on entende les choses, au moins convient-il de s'entendre soi-même. Le ministre a paru d'abord se soumettre à cette triste nécessité : il veut emprunter à 4, quand l'intérêt est à 5; et pour y réussir, il invente un capital de 133 pour 4, au lieu d'un capital de 100 pour 5 ; puis il usurpe le fonds entier de l'amortissement, afin de prêter quelque apparence de réalité à cette superfétation artificielle.

De sorte que si la charge est plus faible, en revanche le canon a plus de longueur, et il y a plus de poudre dans le bassinet. Mais l'artilleur devait rester près de sa pièce, devait viser juste, et ne pas faire long feu : c'est en quoi il a failli.

Il était nécessaire que le cours des trois fût porté et se soutînt au-dessus de 75, donnant ainsi les avant-goûts d'une hausse progressive; soit avant l'expiration du délai, pour obtenir des conversions volontaires, soit après cette époque, pour s'assurer à leur défaut, de l'emprunt projeté.

Or, ces deux conditions ont également échoué : la première, par des causes qui n'avaient pas été prévues; la seconde, par un effet dont on ne s'était nullement douté. Il sera parlé ailleurs des causes qui ont agi avant le délai; l'effet qui est survenu depuis, fixe seul l'attention en ce moment.

Le 10 août apparaît, jadis jour de désastre, maintenant jour de salut! Voyez ce siége prééminent entre tous les autres, sorte d'escabeau, ou plutôt de sellette en bois vermoulu, dont la nudité se dissimule sous les reflets du manteau royal; ses pieds ne posaient plus que sur les sables mouvans de l'agiotage, si bien que le moindre coup de vent a suffi pour le renverser et le briser.

Laissons l'homme; il est expert en l'art de voltige : quelque nouveau tour de force peut le remettre d'aplomb; des étais étrangers peuvent lui prêter un appui momentané. Ce n'est pas de lui dont il est question.

Quant à la chose, elle est jugée ; tout emprunt est impraticable.

En 1824, la triple compagnie accourait, comptant bien qu'il y aurait peu de rentiers à rembourser, et tenant pour plus certain encore qu'il y aurait une prompte hausse sur les trois. Toutes les probabilités se ralliaient en sa faveur : la menace, alors soudaine et inattendue, était revêtue de force : les imaginations s'exaltaient ; la fermentation se propageait. En peu de temps le cours sautait à 80,85 : alors la compagnie réalisait 10 ou 15 pour 100 sur le capital, bénéfice qui la couvrait largement du sacrifice d'un pour 100 sur l'intérêt.

Les suites seraient trop douloureuses à décrire : une épouvantable catastrophe, un discrédit presque incurable, voilà pour les particuliers et pour l'état ; le ministre culbuté, voilà pour lui. Mais rien ne consolait.

Maintenant retournons la médaille : tout rentier reçoit son capital à 100 pour 5, plutôt que de prendre à 75, un effet qui est tombé à 71 : nul banquier n'abandonne 1 pour 100 d'intérêt, lorsqu'il peut perdre bientôt 5 et 6 pour 100 sur le capital.

C'est bien le cas de s'agiter, de s'évertuer ; mais il est tard ! Combien de fonds ont déjà été consommés à la petite guerre ? Combien d'espoirs déçus ne doivent jamais renaître ! D'ailleurs, le coup est porté : la cote des trois au-dessous de 75 est entérinée aux archives de la Bourse ; au-dessus de ce taux, la hausse semblerait factice, éphémère. Quel homme irait dresser son lit de repos sous l'épée de Damoclès !

Ainsi, l'ineptie ne rencontre que des pierres d'achopement : l'ineptie se voit toujours surprise par le péril; si bien qu'en ce moment même où la chute imprévue des trois la terrasse, ses craintes ne se prolongent pas dans l'avenir pour y recueillir des présages encore plus funestes.

Comment! vous affichez six mois à l'avance, l'intention de convertir plus de 2 milliards, des 5 en 3, ou d'emprunter les fonds nécessaires pour rembourser les réfractaires ; et votre idée abattue par les revers, n'ose essayer de donner à croire que le taux des échanges ou des emprunts pourrait être fixé au-dessus de 75 ! Tant de pudeur vous sera fatale.

L'imagination a des yeux de lynx ; c'est après demain, c'est demain même qu'elle voit la loi intervenant sur le marché, offrir sa denrée de droite et de gauche, sa denrée dont la masse à débiter est quadruple de la quantité errante sur le marché.

Chacun a du temps devant soi ; chacun aime à voir venir : avant six ou neuf mois, la fantaisie, la frénésie trouveront à se repaître en trois pour cent à 75. Donc, nul n'en achètera au-delà de ce taux, pas même à ce taux, puisqu'il y aurait une perte d'intérêts : donc, celui qui voudra vendre, ne pourra vendre qu'à des prix inférieurs; donc le cours, de jour en jour, de cascades en cascades, se dépréciera.

Choisissez, ou de garantir formellement qu'il n'y aura point de remboursement et point d'emprunt, afin de laisser les trois dépasser 75, de manière à pouvoir opérer l'un et l'autre; ou de vous résoudre mentalement à ne faire ni remboursement ni emprunt, tout en affirmant, pour sauver votre honneur, que vous effectuerez l'un et l'autre.

Le dernier parti est le plus sûr.

« Le trois pour cent est-il mort, dûment et finalement, sous la condition de ne ressusciter jamais ; ou le trois pour cent fait-il le mort, avec l'intention traîtresse de se relever au terme, de renaître plus effervescent, plus prépondérant? » C'est ainsi que s'exprimait l'auteur dans le premier aperçu, publié le 10 juin.

Malgré que l'imagination fût déjà frappée des difficultés, que devait rencontrer une machination de hausse, aux approches du terme fatal, elle était tentée de présumer que des calculs plus positifs avaient été faits, et qu'au moins tous les efforts seraient réservés et mis en œuvre, afin d'y réussir.

Il semblait impossible qu'un ministre des finances fût tellement écrasé sous le fardeau du porte-feuille, ou tellement transporté hors de la sphère des faits, que nulle réflexion, nulle prévision ne vînt l'éclairer à propos et que la seule combinaison favorable à ses desseins ne dût pas se former en son idée.

Or, pour obtenir une certaine somme de conversions volontaires, il ne se présentait d'autre moyen, que d'imprimer au cours des trois, vers la fin de juillet, un mouvement à la fois rapide et soutenu ; de sorte à tromper quelques rentiers par la perspective d'une hausse illimitée, et à enlever soudainement l'opinion sans lui laisser le temps de s'asseoir, de se fixer.

On ne sait encore dans quelle proportion, l'impuissance du cerveau et l'impuissance des caisses, se sont alliées pour y mettre opposition : on ne sait par quel motif, il a été donné, au contraire, dans le mois de juin, une impulsion prématurée, qui s'est transformée bientôt en un état de stagnation, bien propre à glacer les esprits les plus aventureux.

Si les banquiers contractans se croyaient en état de la prolonger, de l'entretenir jusqu'au dernier jour, c'est qu'ils n'avaient pas compris qu'à chaque franc de hausse sur les trois, un déclassement progressif devait s'opérer dans les cinq qui s'élevaient également; c'est qu'ils n'avaient pas prévu qu'aux cours de 104 et 105, un nombre considérable de rentiers, fatigué de tant de tracas, se disposait à réaliser.

Le trait de lumière vient enfin désiller les yeux : la place va s'encombrer de plus en plus : des efforts qui déjà ont épuisé une part des forces, ne portent plus d'autre effet que d'augmenter la somme des résistances, que de nécessiter un plus grand développement d'efforts.

Il faut s'arrêter ; il faut laisser aller le cours des choses, s'abandonner aux faveurs du hasard. Et cette fois le hasard n'est pas généreux. Toute illusion s'évanouit; toute espérance s'éteint : les projets calculés en milliards et minés de centime en centime, sont ajournés de 1825 à 1826, ainsi qu'ils le furent de 1824 à 1825.

Eh bien, les gens se trompent encore ; les gens y seront encore pris : à telle époque et sous tel mode que ce soit, l'opération viendra toujours heurter et se briser contre la borne posée au milieu de la route, sans qu'il y ait moyen de l'enlever et la déplacer.

Désormais, le ministre sera forcé de réunir, de marier dans ses plans, l'offre de la conversion et la contrainte du remboursement : l'offre présentée à part, a été repoussée par l'opinion ; la contrainte proposée seule, serait repoussée par la pudeur des Chambres.

L'offre de la conversion marche en avant, la menace du remboursement se tient en réserve ; et il n'importe à quel taux, entre 65 et 85, pourraient être fixés l'échange et l'emprunt ; seulement plus le taux s'élèvera, plus les difficultés s'accroîtront.

Or, la menace a été tellement répétée, et les

esprits sont si exaspérés, qu'au moment de son exécution, il se trouverait encore des incrédules : les discours du ministre en ont paralysé le coup ; la parole qui se contredit, perd toute autorité ; et quand l'autorité est perdue, il faut frapper pour convaincre.

Les meneurs comptent plutôt sur le succès de la conversion, lequel ne peut être obtenu qu'en séduisant les rentiers, au moyen de la hausse des trois, avant le terme fixé : mais alors, les cinq ayant la faculté de s'échanger contre des trois, garderont un cours parallèle, et hausseront dans la même proportion ; d'où il surviendra un déclassement qui forcera bientôt, comme il est déjà arrivé, à délaisser le projet d'élever le cours des trois.

Ici, nul artifice, nul prestige, n'est de nature à prêter aide ; c'est le lévier dont on fait usage, qui, rencontrant un obstacle invincible, réagit en raison de sa puissance même et vient ébranler, renverser le point d'appui trop faible qui lui fut donné.

Il n'y a d'option qu'entre les périls : qu'on laisse les trois en repos, ils ne bougent à moins que ce ne soit en baisse, et les cinq ne sont point tentés de s'échanger, et leur masse énorme détruit toute espérance d'emprunt. Qu'on pousse les trois au contraire, ils s'élèvent par l'effet des manœuvres et les cinq se déclassent en grande quantité et la place surchargée de rentes flottantes, ne peut soutenir leur poids.

En sorte que dans l'un et l'autre cas, les contractans de l'emprunt et les souteneurs de la hausse sont réduits à faire retraite, non sans avoir subi de fortes pertes.

Le ministre a sa réponse prête ; il ne faut pas lui donner la peine de la proférer. « Le remboursement sera divisé en cinq séries, dont chacune n'excédera pas 450 millions. »

Mais si ce mode nouveau atténue quelque peu l'intensité des risques, d'un autre côté, des conséquences qui lui sont inhérentes, enlèvent à la menace du remboursement, toute prise sur les esprits.

Avant le tirage des séries, nul rentier ne cédera à la crainte, ayant pour lui dans les trois premières années, une chance de cinq, puis de quatre, enfin de trois, contre un, de ne pas tomber dans la série fatale.

Après le tirage des séries, tout rentier que le sort n'aura pas compris dans la série annuelle, se tiendra en paix, ayant devant lui l'intervalle d'une année, avant que son nom puisse sortir de l'urne.

Ainsi les espérances de conversion ne s'étendent plus au-delà des limites de la série actuellement désignée. Et dans son sein même, la menace du remboursement est long-temps inefficace, car jusqu'à la quatrième année, il reste sur le marché une quantité notable de cinq pour cent, dans lesquels les personnes expulsées de cet effet, sont libres de rentrer soit au comptant, soit même à terme, avant leur paiement.

Or, le cours des cinq pour cent, comprimé à un certain point par la ménace générale ou plus encore par l'exécution partielle, ne doit dépasser le pair que de 5 à 10 pour cent; en sorte que le rentier soumis au remboursement, en y colloquant ses fonds, supporte seulement la perte d'un vingtième ou d'un dixième sur le capital, tandis qu'en acceptant des trois, il consommerait le sacrifice d'un cinquième, sur le revenu et peut-être sur le capital.

En cette affaire, les ressources n'atteindront jamais au niveau des difficultés, attendu que celles-ci tiennent à la nature des choses, et que celles-là sont d'invention humaine.

C'est chose misérable pour l'homme d'état, chose déplorable pour l'homme de sens, que d'être obligé, l'un pour ajuster ses combinaisons, l'autre pour développer ses objections, de supputer, jour par jour, le quantum de centimes, dont la cote des fonds publics aura subi l'addition ou la soustraction. Dans la France, n'y a-t-il plus que Paris; et dans Paris, n'est-il plus que la rue Vivienne? Quel sujet de risée et de mépris pour l'étranger, de honte et d'effroi pour le royaliste!

La pensée se révolte, et brise l'ignominieuse chaîne; la pensée oublie ce qui fut fait, méconnaît ce qui se fera. Il ne sera plus tenu compte des oscillations prochaines ou éloignées du cours; les causes générales, les données constantes, absorberont toute l'attention.

L'état présent est pris pour point de départ: qu'il se prolonge plus ou moins, qu'il soit altéré en partie, les réflexions s'y trouveront de même appropriées. Elles frapperont sur les cinq et les trois, en établissant leurs véritables rapports, tant que la confusion des signes dominera à la Bourse;

elles frapperont sur les trois isolés, en dévoilant leur destinée trop certaine, si jamais la force ou la ruse réussissent à anéantir les cinq.

Les cinq seulement, imperturbables et infaillibles qu'ils sont, se tiendront hors de la portée des réflexions, dès lors que le revirement des idées, ou le soulèvement des faits, les auront rétablis au rang de suprématie dont la nature et l'habitude les investissaient.

Le fonds d'amortissement dévoué au service des trois fournit tous les argumens qui puissent s'imaginer en leur faveur.

Ici, il faut dire que les orateurs de l'opposition ont eux-mêmes prêté des armes contre leur cause, en exagérant la puissance de l'amortissement, en supposant que le cours des 3 devait s'élever à 80 et 85, dans l'intention d'exposer les pertes qui en résulteraient pour la fortune publique : c'était établir des principes erronés pour en tirer des preuves surabondantes.

L'action de l'amortissement s'exerce essentiellement, à l'effet de retirer du marché et d'annuler une portion des fonds publics, de sorte à diminuer leur masse. C'est à peu près le seul résultat qui soit obtenu en France, où les achats s'opèrent à raison d'un trois-centième de la dotation annuelle, par chaque jour de bourse.

Supposez que l'emploi du fonds quotidien équivale à 10,000 fr. en 5 pour 100, l'influence qui en dérive sur le cours devient tout-à-fait nulle, pour peu qu'il se présente à la vente 100,000 fr. de rentes, un million de rentes comme il arrive souvent, surtout lors des liquidations.

Calculez cette influence par semaine ou même par mois; ce ne sera jamais que 60,000 fr. et 240,000 fr. de rente retirés du marché, pendant un intervalle où un demi-million et 2 millions de rentes auront pu être jetés sur la place.

L'action de l'amortissement ne s'exerce efficacement dans le sens de soutenir le cours, qu'autant que les commissaires gardent une réserve de fonds; et, surveillant l'état présent ou prochain de la bourse, en font l'emploi au moment d'une baisse accidentelle, afin de donner aux esprits le temps de se calmer, aux capitaux le temps de se réunir.

Le gouvernement qui aurait l'heureuse idée, après avoir conféré ce droit, d'imposer en outre le devoir de vendre telle ou telle partie de rentes, aussitôt qu'une fougue de hausse ferait monter les effets publics par delà leur valeur moyenne, se montrerait le premier à entendre la vraie théorie de l'amortissement, se trouveroit le seul à en recueillir un bénéfice réel.

En attendant, le résultat de l'amortissement depuis neuf années, sous le rapport de la réduction de la dette publique, consiste dans l'achat de 36 millions de rente qui reviennent au denier vingt. (IIIe Aperçu, page 8.)

Sous le rapport de l'élévation du cours, son résultat se borne à quelques francs au plus. Il a été dit dans le Ier Aperçu, p. 59, que le capital absorbé par la dette publique s'était accru en huit ans de 1300 millions, sans y comprendre les rentes rachetées et les rentes immobilisées; et ces 1300 millions, qui montent presque au double des fonds employés par l'amortissement, ont été fournis par les épargnes opérées sur la richesse nationale.

Or, si les rachats n'avaient pas tendu, pendant tout ce temps, vers la hausse des effets publics, une nouvelle portion de ces épargnes, attirées par des prix moins chers, s'y serait colloquée; laquelle peut être estimée au tiers des 1300 millions qui sont déjà classés.

On doit en conclure que les rachats du trésor arrêtent en partie les placemens des particuliers, que leur action est paralysée par la réaction qui s'en suit; que, s'il n'avait existé nul fonds d'amortissement, la cote actuelle des fonds se tiendrait environ à 96, et s'y maintiendrait presque sans variation.

A la vérité, quant aux 5 pour 100, les rachats ne repousseront pas les placemens; car aucuns capitaux n'iront s'y fixer à demeure, tant qu'il restera des 5 pour 100, et tant que l'intérêt ne tombera pas au-dessous de 4 pour 100 : ici, l'action de l'amortissement n'entraîne point de réaction.

Mais aussi sa puissance est relativement plus faible à l'égard des 3 qu'à l'égard des 5. En vain les charlatans s'écrient qu'un fonds qui supportait 140 millions en 5 pour 100, n'ayant plus qu'à soutenir 24 millions en 3 pour 100, doit les pousser à un taux très-élevé. Les charlatans en ont menti.

Dans le rapport sur la caisse d'amortissement, il est déclaré que son action était presque restreinte, à la fraction flottante, d'environ 30 millions. Sauf cette portion, la dette publique de France se trouvait classée, consolidée, immobilisée par la volonté, se tenait hors de la circulation, hors du marché de Paris autant que du marché de Londres ; et les deux élémens, dont la balance détermine le cours de la denrée, l'offre et la demande, étaient, pendant le cours d'une année, sous le rapport de 30 millions à vendre, vis-à-vis 4 millions à acheter.

Dans les 3, comme la fraction flottante y est passée en totalité, et comme tout le fonds d'amortissement leur est attribué, abstractivement parlant, la proportion reste la même. Mais, en réalité, la nouveauté et la fragilité de l'effet, l'inquiétude des esprits, l'incertitude des lois, le rendent mobile à l'excès; il y aura plus de vivacité dans l'offre, c'est-à-dire plus d'intensité en un temps donné. Ainsi le fonds quotidien produira un moindre effet; le cours se dépréciera; et ceux qui rentreront dans les bas prix, toujours disposés à réaliser au premier bénéfice, atténueront l'élan de la hausse.

Cependant, à moins que le Ciel ne suscite un autre mode de paiement, ou que l'enfer ne s'ingère à étouffer les liquidations, les 3 pour 100 de l'indemnité vont tomber sur la place à raison de 6 millions par an.

Or telle est la loi, telle est l'opinion, que l'indemnité est à vendre, toute entière, à tout prix, au plus vite. Elle se vend, avant la liquidation, à 50 et 45 pour 100; après la liquidation, le taux de 60 ou 65 semblera lui porter une prime de faveur; et l'occasion ne manquera pas d'être saisie avidement.

Ceux-ci se défient de l'avenir, ceux-là recherchent une prompte jouissance; le plus grand nombre est pressé de placer en terres, et se révolte contre l'idée de fonder son existence sur un papier dont disposent les intrigues et les hasards.

Pour le triomphe des grands projets, il valait

mieux que l'amortissement eût été voué au soutien des 5 (IIIe Aperçu, page 34.) : et il valait mieux que l'indemnité eût été liquidée en 5 ; car le poids de l'intérêt, le poids de l'exemple, le poids du temps, tout se ralliait alors pour établir une certaine force d'inertie, au lieu que tout conspire pour aggraver les mouvemens de perturbation.

Mais peut-être la baisse des 3 pour 100 est-elle entrée dans les calculs du ministre ? Peut-être a-t-il conçu qu'un fonds qui amortit 3 millions par an sur 54 millions, doit employer dix-huit années pour amortir la totalité, et que les esprits trop alertes, trop soucieux, ne jouent point à des échéances aussi lointaines ; peut-être a-t-il compris qu'un fonds constitué à la manière des 3, devait descendre au niveau des autres valeurs, afin d'appeler des placemens fixes, d'acquérir un point d'appui solide, et que la loi est impuissante en 1825, autant que le jeu fut impuissant en 1818, pour élever soudainement le cours d'un effet, de 25 pour 100 ?

On ne sait même si la blessure du 10 août, qui d'abord sembla mortelle, n'a pas été opérée volontairement, et ne va pas être entretenue comme un cautère propice. Rien ne serait mieux entendu ; seulement il faudrait amasser un trésor de patience, pour attendre pendant des années que les

3 s'élevassent comme se sont élevés les 5, de 60 à 75.

Puissent les joueurs placés sur les charbons ardens de la cupidité, se montrer aussi riches en cette précieuse vertu, que paraît l'être le ministre mollement étendu sur l'édredon du pouvoir!

La hausse des trois pour cent ne repose que sur le fonds d'amortissement : mais sur quoi repose le fonds d'amortissement? Le système rappelle trop la théogonie des Indiens, suivant laquelle le monde repose sur une tortue ; et depuis six mille ans à notre compte, depuis six mille siècles à leur idée, le savant corps des Bramines n'a pu découvrir sur quoi reposait la tortue.

Ce n'est pas ici le lieu de traiter dogmatiquement la question de l'amortissement, institution imitée des Anglais, quant au principe et nullement dans le mode ; institution appliquée à la France en 1816, par la nécessité, suprême raison d'état, et plutôt enracinée à l'aide de l'habitude, que consacrée au moyen de la réflexion, institution accidentelle, exceptionnelle, qui devrait ainsi que toutes les inventions de l'esprit, rester subordonnée au changement des circonstances.

Dans l'état actuel de la législation, sur quoi repose le droit d'amortissement usurpé par les trois pour cent? sur rien.

Les cinq pour cent ont déjà fléchi hier, 16 août, au-dessous du pair, n'étant plus qu'à 102, dont il faut déduire l'intérêt acquis : doivent-ils fléchir encore devers ce taux, le devoir de l'amortissement serait d'y reporter ses achats, suivant les paroles du ministre (troisième aperçu, page 31). Et quand même l'événement n'arriverait pas au premier jour, comme à la Bourse, toutes les probabilités s'escomptent, pour se servir de l'argot du pays, les spéculateurs exposés au danger, en devanceront souvent les effets, par leurs manœuvres anticipées en baisse.

D'autre part, les destinées des trois pour cent, qui ne sont claires en ce moment qu'aux yeux du bon sens, vont enfin se manifester définitivement.

L'intensité de leur masse est-elle bornée à la somme de 30 millions, ou est-elle appelée à s'étendre jusqu'à 60 millions? La question reste la même. Le quart ou la moitié de la dette aliénable envahit tout le fonds de l'amortissement; et cette portion est presqu'en entier possédée par des spéculateurs; cette portion est si mobile, si instable, que le mécanisme des rachats exerce à peine quelque influence sur son cours.

Tout présage donc la restitution prochaine, d'une part relative du fonds, à ce vieil effet des cinq pour cent, monarchique de naissance, favorable au maintien des mœurs, approprié aux besoins du crédit ; tout garantit que la loi se hâtera de mettre un terme à la dilapidation des deniers publics, car tant que le dernier atôme des cinq n'aura pas été consumé, l'amortissement rachète une somme plus faible d'intérêts, en s'employant dans les trois, à moins toutefois que les cinq et les trois ne se nivellent aux cours parallèles de 105 et de 63.

Mais le ministre est délivré du spectre repoussant des cinq ; il n'existe plus que des trois : la dette publique est homogène et compacte ; le crédit prend son essor et s'enlève jusqu'à 100 ou s'embourbe à 60. L'enfant ailé n'était déjà que trop volage ; l'émancipation le rendra encore plus indocile : il faut plaindre le mal avisé tuteur, maintenant réduit à le suivre dans ses écarts.

Or, le cours des trois se fixe-t-il en baisse, au-dessous de 75, ainsi que cela est déjà, ainsi que cela devait et devra être, l'amortissement n'aura produit aucun effet, l'amortissemeut ne comptera plus en tête des moyens de hausse. La question est tranchée.

Au contraire, le cours des trois s'élèverait-il, et se soutiendrait-il au-dessus de 75, s'il est permis d'avancer une supposition absurde, l'amortissement aura fait merveille, on ne peut le nier. L'agiotage va-t-il donc sourire? et par contre, la loi ne va-t-elle pas s'attrister de ses œuvres?

En principe, la loi voulait secourir les contribuables ; par l'événement, si le cours moyen des rachats s'établissait à 85, il en coûterait, pour soutenir l'amortissement jusqu'à l'extinction de la dette, autant qu'il aurait été épargné par la réduction du cinquième. Pour les contribuables, il y a balance exacte ; pour les rentiers, toute la perte ; pour les agioteurs, tout le profit. Cela serait-il tolérable ?

Et notez que les agioteurs, toujours affamés, réclameraient seuls la prolongation de l'amortissement, tandis que les rentiers, toujours pressurés, y resteraient indifférens, n'ayant point l'intention de vendre, même leurs trois pour cent.

Le ministre parlerait-il de fonder le crédit pour l'autre siècle ? On ne l'écouterait pas. La loi ne doit point disposer pour l'avenir, par cela même qu'elle ne peut disposer de l'avenir.

La loi se rappelle que les fonds les mieux consolidés de l'univers ont joué depuis cent ans, de 105 à 47, et de 47 à 96, se tenant méchamment au plus bas cours, toutes les fois qu'il leur était fait un appel ; et soudain, se relevant au plus haut, dès lors que le besoin n'existait plus : la loi a appris que le crédit, que la faculté d'emprunter se fonde sur un cours constant et régulier, et non pas à l'aide de sacades vives et variables, que le crédit, jusque-là confiné dans l'idée, ne se réalise que par l'intermède des capitaux, et que les capitaux ne sont fournis au moment de la demande, que par les épargnes de la richesse publique.

Et puis la loi de France aurait-elle jamais la prétention de négocier un emprunt au-delà de 75, au-dessous de 4 pour 100 ?

Dans tous les cas, le fonds d'amortissement est aboli d'un seul coup, ou réduit peu à peu.

Nous entrons dans un nouvel ordre de choses; l'étai de l'amortissement est soustrait aux trois pour cent, et l'ombre du capital adjacent s'évanouit. L'effet tombe : il est assimilé aux cinq pour cent; il est ramené à son taux réel.

Le maximum du cours ne s'élève plus, même au dire de l'imagination, par-delà 70. Le minimum reste à la merci des événemens et des lois : pendant de longues années, on peut supposer le terme moyen à 60 ou 65.

Or, qu'un homme perde sa fortune, qu'un fonds perde sa valeur, vous verrez toujours l'opinion les mépriser, les délaisser. Que ne doit-il pas en advenir ?

Le contrat d'échange ou d'emprunt sera tenu pour suranné; ses clauses paraîtront insolites, extravagantes. Qu'est-ce que cela signifie, de créer un effet au pair de 100, pour le céder au taux de 75, et d'attribuer un tiers de capital nominal, au-dessus des valeurs réellement versées? Un tel acte est prohibé par la loi civile; un tel exemple légitimerait les manœuvres de l'usure.

Mais quant à ses intérêts, l'Etat s'est fait reconnaître pour mineur, ayant le droit de revenir contre toute lésion; quant à ses devoirs, l'Etat se trouve investi des fonctions de tuteur, ayant le devoir de protéger ses pupilles.

C'est 1830 qui parle : et 1830 dit que 1824 a présenté un projet pour réduire les vieux cinq pour cent, en dépit du contrat et de l'usage, sous le vain et faux prétexte que l'intérêt n'était plus qu'à 4 pour 0/0.

1830 use du même droit que 1824, du droit du plus fort; seulement il réduit le capital au lieu de réduire l'intérêt, opération moins immorale, car elle n'atteint que les spéculateurs.

Du reste, les deux années tiennent un langage analogue : 1830 se prononce catégoriquement aussi bien que 1824. « Messieurs, l'Etat vous doit 3,000 francs de rentes; le denier 20 est l'intérêt légal : vos 3,000 francs valent 60,000 francs; les voilà. »

Après la menace, arrive l'offre. « Préférez-vous la reconversion des trois en cinq? l'Etat les prendra au taux de soixante. Quel bénéfice pour vous! Ces avortons de trois languissaient, dépérissaient à vue d'œil : entrez dans les cinq; la perte apparente sur le capital sera compensée outre mesure. Avez-vous lu les discours du ministre de 1824? les cinq allaient monter à 115 et 120, s'il n'y avait mis obstacle. Or, le ministre de 1830 ne met point d'obstacle au crédit; et cinq années n'auront point passé en vain. Croyez donc; vous verrez après; vous verrez les cinq à 130 et 140. »

Sans doute, ceci n'est qu'une présomption, qu'une supposition, entre mille autres. La marge est indéfinie : la langue sert à toutes fins; les faits sont tournés et retournés à volonté. Il n'est rien qui soit improbable.

Vous raisonnez la foi, vous travaillez le crédit; vous torturez le texte des actes, vous enlevez la sanction de la loi. D'autres feront de même, aussi mal peut-être, plus mal, s'il y a jamais moyen.

« Après le délai, comment se comportera le cours des cinq et des trois ? Tout s'oublie ; le mal passé n'est que songe ; le mal futur est moins encore. Les espèces l'emportent ; contre le poids des cinq, le fétu des trois n'a pas beau jeu à lutter : on voit les uns à 104, à 108, plutôt que les autres à 78 et à 81. » (3e. Aperçu, p. 40).

L'horoscope tiré en juillet, vient de se réaliser en août, dans la proportion de 102 à 72. L'auteur n'est point sorcier cependant : si parfois les fastes de l'avenir se représentent à sa pensée, c'est que les archives du passé en portent l'image fidèle.

Or, il avait lu dans l'ouvrage de Sinclair, qu'en Angleterre les cinq pour 100 s'étaient fixés pendant sept ans, de 1786 à 1793, entre 110 et 120 : il avait lu, dans le document fourni aux Chambres, qu'ils s'étaient tenus pendant cinq ans, de 1817 à 1822, au cours de 106 à 110, et s'y trouvaient encore, trois mois avant l'époque de leur remboursement.

Et raisonnant *à fortiori*, il se disait en lui-même, que si le prix de ce fonds s'était maintenu ainsi en Angleterre, où des réductions avaient déjà été opérées, où son remboursement n'équivalait qu'au cinquième de la dette publique, il devait se maintenir encore mieux en France, où nulle réduction n'avait été opérée, où son remboursement, après la conversion de 30 millions, excédait les trois quarts de la dette publique.

Le phénomène est avéré; si l'imagination était incapable d'en pressentir l'existence, la réflexion sera peut-être plus heureuse, en recherchant ses causes.

L'aspect de la Bourse trompe. Les coulisses y sont en mouvement perpétuel, poussant sur la scène les décorations les plus variées : l'attention est absorbée par le jeu du machiniste, et ne se fixe pas sur le plancher du théâtre, qui est inébranlable, et dont les trappes, à peine ouvertes, se referment aussitôt.

C'est le grand-livre qu'il convient d'examiner : là, les perturbations de l'agiotage n'occupent que quelques marges, et presque toutes les feuilles attestent la force d'inertie qui domine les rentiers. Un grand nombre d'entre eux y reposent sur des titres d'ancienne origine, ou sur des contrats de premier achat.

Mais la foudre a déjà menacé leurs têtes : le péril surmonté excite le courage, les craintes évanouies ne ressuscitent pas. Naguère le ministre s'inquiétait de l'option que feraient les rentiers : qu'il ne s'en inquiète plus, qu'il travaille seulement à leur persuader qu'il y a une option à faire, qu'il y a possibilité dans la menace du remboursement. Ce sera un vrai tour de force.

Le ministre a fait une attaque vive, et s'est vu repoussé. Il a perdu de sa force ; il rencontrera plus de résistance. Pendant les escarmouches d'avant-poste, les trembleurs ont pris la fuite ; et dans la bataille du 5 août, les tirailleurs, éparpillés sur les ailes, se sont rendus prisonniers. Le corps d'armée est ainsi plus homogène, plus compacte, plus impénétrable.

C'est la légion thébaine : ainsi que la foi, s'il est permis de hasarder ce rapprochement, la haine a ses martyrs, et n'a point d'apostats ; et de même aussi, la haine se nourrit des espérances que lui prêtent les temps plus prodigues que jamais. La sécurité de la paix est-elle manifeste ? La prospérité de l'état est-elle invariable ? La volonté des Chambres peut-elle se présumer ? La durée du ministère doit-elle s'éterniser ?

Il est des hasards de toutes sortes : en faisant le calcul des probabilités, à la date même où serait présenté le nouveau projet de loi, les *Bernouilli* et les *Laplace*, décideraient sans doute que la chance en faveur des rentiers, s'établit dans le rapport de 10 et 20 contre 1.

Cependant jusqu'à cette époque, et plus encore par-delà cette époque, l'imperturbable tenacité des rentiers, dont quelques-uns seulement se déclassent peu à peu, à des taux de plus en plus élevés, imprime un caractère de fixité au cours des cinq pour 100, un caractère de régularité à la hausse de leur prix.

Tel est le premier appât qui tende à attirer vers cet effet, les épargnes capitalisées, et les réserves temporaires opérées sur le fonds de la richesse nationale; soit à demeure, soit à terme, on voit s'y colloquer les profits de l'industrie, les rentrées de fonds, les excédans de revenu, les résidus de caisse, lesquels ne sont nullement tentés de se confier à ces alternatives de hausse et de baisse, que présage le Moniteur aux trois pour 100 (20 juillet.)

La certitude de réaliser son capital au même taux et à chaque instant, domine si fortement la direction des placemens, que c'est tout au plus si le bénéfice de l'intérêt doit exercer une influence supérieure, au profit des cinq pour 100.

Il y a peu à dire sur l'effet de cette dernière influence; sous la raison mathématique, elle entraîne évidemment tous les capitaux; sous le rapport moral, elle est à peine combattue par l'inquiétude des projets, par la crainte du remboursement. En ces temps-ci, sauf quelques consciences qui ne s'appartiennent plus, les Français sont en force, en contact : un seul sentiment, un seul désir, un seul espoir les rallie et les anime.

Les placemens obéiront à la même loi que les rentes. D'ailleurs, ils se colloqueront dans les cinq de 102 à 106, en sorte que le risque du remboursement n'équivaut qu'à 4 pour 100, terme moyen ; et en restant oisifs, la perte serait de deux et demi pour six mois, de 5 pour l'année ; ou en entrant dans les trois, la baisse pourrait leur enlever 10 et 15 pour 100.

Ainsi, pendant que les trois, en dépit du jeu de l'amortissement, après s'être débattu quelque temps, tombent dans l'état de langueur, il survient en faveur du cours des cinq, une puissance naturelle, dont l'action est constante, dont la marche est régulière ; une puissance émanée des choses, et s'accroissant avec les temps, qui ne craint point d'être assimilée aux ressources décevantes, qu'imagine l'esprit fiscal.

Ainsi, les cinq s'élèvent au-dessus du pair réel, par les mêmes causes qui dépriment les trois au-dessous du taux d'échange.

Et ceci n'est pas très-éloigné de l'entente du Moniteur du 4 août, qui d'abord décernait aux trois pour 100 le privilége exclusif de réunir tous les capitaux ; qui leur présageait une rentrée de 15 cents millions ; qui affirmait que tous les ordres de placemens *frappaient* sur eux; et qui s'est borné, par amendement, à garantir que cet effet, d'ici à plusieurs années, *accordera* au porteur 2 pour 100 de hausse; à garantir que si l'état de paix est de longue durée, des emprunts en trois offriront les moyens de racheter les contribuables de ce *tribut*, payé en excédant d'intérêts.

Si l'exorde est emphatique, la péroraison est humble; rien n'empêche même de condescendre à ses termes; car la prévision du cours de 77, d'*ici à plusieurs années*, n'indique que le cours de 68 ou 70, d'ici à un an; et la promulgation d'un emprunt en trois, si la paix est de *longue durée*, ne laisse sur le remboursement que des risques à peine appréciables.

Nous sommes presque d'accord : s'il est parlé du remboursement, ce n'est que pour la forme; le ministre n'y croit plus, ne veut plus même y faire croire.

Et quant à la conversion, le ministre ne proposera pas aux rentiers de prendre à 75, un effet qui se vend 68 ou 70, et de céder à 100, un effet qui vaut 104 : en outre de 1 pour 100 à perdre sur l'intérêt, il y aurait 10 pour 100 à perdre sur le capital. Tout est fini aussi de ce bord.

Mais l'embarras est ailleurs. Ce *fonds mort* des cinq pour 100 s'est ressuscité de son propre mouvement : ce fonds ne figure plus au grand-livre que *pour mémoire*, et néanmoins exige un paiement de 110 millions. Quelle est *sa nature?* Quel sera *son sort?* Telles sont les demandes que se fait le triste Moniteur.

Le ministre actuel doit être en peine pour lui répondre : tout autre n'aura rien à dire, rien à faire.

Les destinées s'accompliront : le trois passera sous les fourches caudines; trop heureux s'il obtient, à force de suppliques, d'être amnistié, et de rentrer aux tentes triomphantes du cinq.

Les trois pour cent font leur entrée dans le monde sous des auspices calamiteux. Il n'est pas besoin de parler de la haine et de la défiance dont est assiégé leur patron, ni des manœuvres à l'aide desquelles on a essayé de leur faire prendre pied. Il n'est pas besoin de rappeler qu'à l'instant même où la lisière ne les a plus soutenus, ils sont tombés avec fracas sur le parquet, exposant leur nudité à la risée et au mépris.

Les choses doivent être prises de plus haut : c'est la position de la dette publique et de la richesse nationale qu'il faut considérer.

Sous quelque proportion qu'elle soit scindée, en cinq à 100 ou en trois à 75, la dette publique absorbe la même somme de capitaux, c'est-à-dire environ 2 milliards 800 millions, pour la partie non rachetée et non immobilisée, suivant *le Moniteur* du 4 août.

En ce moment, on part de la supposition qu'elle est en totalité métamorphosée en 3 pour 100, et on se rend à cette autre supposition que le fonds d'amortissement reste fixé à 80 millions.

Du 1 janvier 1821 au 1 janvier 1827, le marché de la dette publique a les mêmes besoins, et non pas les mêmes moyens.

Le déclassement ayant été considérable, le cours ne se soutient que par l'artifice des reports. Leur somme habituelle ne suffit plus; des mesures fiscales sont venues au secours, et le taux élevé a attiré des capitaux libres. Faisons l'addition :

Anciens reports............	200 millions.
Fonds des caisses et de la banque......................	300
Capitaux nouveaux.........	200
Déficit................	700 millions.

Et le déclassement ne s'arrête pas, comme il est facile d'en juger, par le prix exorbitant des maisons et des terres.

Le déclassement s'accroîtrait encore, pendant et après l'opération de la conversion générale; car les uns se laisseraient rembourser, et les autres se hâteraient de sortir d'un effet accepté par force.

En même temps et par les mêmes causes, le placement des épargnes évaluées dans *le Moniteur* à 200 millions par an, lequel aurait pu en atténuer les suites, est suspendu ou du moins réduit.

D'autre part, les rentes de l'indemnité sont liquidées enfin, impatientes de se réaliser, suffisantes pour compenser les rachats de l'amortissement et les achats des particuliers.

En outre, les banquiers intéressés restent chargés de 10 à 15 millions de rentes, qu'ils s'empresseront de vendre, soit que l'opération doive être suivie ou abandonnée.

Les progrès rapides et constans de la richesse nationale étaient seuls capables de remplir les besoins nouveaux, de supporter les nouvelles charges, d'ajourner au moins les liquidations pénibles.

Mais sa position ne s'y prête nullement. Le revenu déchoit, la dépense s'élève; et les pertes du bilan annuel sont prélevées sur le capital.

En vain le prix vénal des biens s'exagère : la demande des fonds augmente ainsi; les emplois absorbent davantage, sans que les ressources s'accroissent.

Jusqu'à cette heure, le crédit soutient encore un équilibre aussi périlleux. C'est lui-même qui aggrave les risques; il se livre sur des valeurs idéales, il escompte des échéances incertaines; les richesses fictives qui en dérivent, s'évanouiront en un clin d'œil.

Or combien de causes intérieures et extérieures, politiques ou commerciales, qui couvent en silence et éclatent à l'improviste, peuvent et doivent amener le terme fatal!

La plus efficace de toutes ces causes réside dans la constitution des 3 pour 100. Cet effet est nouveau et inconnu; il est fragile et instable. Son cours fléchit-il? Telle est l'épouvante que les ventes se précipitent, que les reports se retirent. Son cours hausse-t-il? La fougue s'empare des joueurs, les bénéfices se réalisent, la place engorgée outre mesure, succombe.

Et déjà il semblerait qu'aucun des prôneurs du systême n'est assez privé de pudeur pour avancer en leur faveur, des argumens puisés dans la nature de l'effet; on se borne à citer l'Angleterre pour exemple, à l'appeler en témoignage, en garantie.

Pauvres gens, quelle ressemblance y a-t-il entre les deux royaumes? Là, les capitaux circulans sont immenses, et les biens immeubles, fécondés par un crédit régulier, enfantent à commande de nouvelles richesses mobiles.

Là, il existe une nation qui comprend l'intérêt général, qui balance les intérêts privés; et un ministère, qui, par nécessité plus encore que par loyauté, est le serviteur de l'opinion publique, le promoteur de la fortune publique.

C'est là que, depuis un siècle entier, la foi s'est dévouée aux fonds de l'état. Suivant l'heureuse expression anglaise, ils sont tenus pour la première des sécurités; leur prix de vente est au pair du denier des terres; leur intérêt reste au-dessous de l'escompte du papier de banque.

Pour donner lieu à quelque comparaison, il faudrait que la France échangeât son sol contre l'Océan, s'agglomerât sous des limites resserrées, et, chose aussi difficile, connût enfin le véritable esprit public; il faudrait que l'ordre et la règle eussent toujours présidé à ses destinées, eussent consolidé à demeure le crédit fiscal, industriel et agricole.

En attendant, il n'existe nul rapport appréciable entre le cours habituel des 3 anglais et le cours éventuel des 5 français. C'est l'expérience même qui nous en donne les preuves; car, depuis 1750 jusqu'en 1792, excepté pendant la guerre d'Amérique, les 3 pour 100 sont restés à Londres entre 85 et 105, c'est-à-dire au même taux où étaient les 5 pour 100 à Paris; et de 1815 à 1824, les premiers ont gardé jusqu'en 1819 un cours supérieur, et ensuite, un cours presque égal à celui des derniers.

Or, comme les deux états n'ont point changé sous les aspects physiques et politiques; comme il est avéré que, dans ces derniers temps, la richesse de l'Angleterre a fait des progrès immenses et durables, tandis qu'en France le faible et lent accroissement de l'industrie est plus que compensé par la décadence du revenu rural; rien n'autorise à présager que la proportion entre ces valeurs, soit sur le point de varier à notre avantage.

S'il était quelque induction légitime à tirer du rapprochement des cours, elle serait au détriment de nos trois, puisque les autres, en dépit de tant de priviléges, ont fléchi depuis un an de 96 à 90.

Et les présomptions de sorte favorable se hasardent aux secrets de l'avenir, où tout est possible sans doute, où rien n'est improbable à la rigueur; *mais aussi*, où il se trame plus souvent des chances de désastre que des chances de triomphe.

L'*Etoile* s'est donc trompée, au moins cette fois, en disant le 2 juillet : « M. de La Gervaisais a fait une brochure pour prouver que le crédit de l'Angleterre, qui a une dette si forte qu'elle ne pourra jamais la payer, est à celui de la France, qui n'a qu'une faible dette qu'elle peut facilement acquitter, comme 33 un tiers est à 20. Le *Journal des Débats*, en bon Français, s'extasie sur *l'invention* de cette proposition. »

M. de La Gervaisais n'est point homme à invention; il avait seulement exposé un fait. (Voyez le Ier Aperçu, pages 17, 22, 27, 32).

L'AUTEUR de l'*Examen impartial du Budget de* 1816, qui se trouve maintenant un des membres du syndicat, et dont le plan a servi de modèle au projet actuel, après avoir rendu compte des embarras de cette époque, en cherchait le remède, et traçait ces mots en lettres majuscules, à la page 61 de sa brochure :

C'est le CRÉDIT.

Le même système se rencontre dans un journal, en date du 10 août, de ce jour même où cette puissance occulte éprouva à la Bourse le plus sensible affront. « La force des choses est entraînante, irrésistible, et l'*espèce de machine à vapeur* qui la produit et qu'il faudrait briser, au risque de compromettre l'ordre social tout entier, si on voulait s'y soustraire, *c'est le crédit.* »

Il fut répondu à l'*Examen impartial du Budget*, dans un écrit intitulé : *De la Tactique financière*, dont un passage transcrit ci-dessous, prouvera du moins que les principes sont invariables. (*Voyez* la première note.)

Quant au journal qui se montre souvent en

harmonie, sinon avec les vœux, du moins avec les actes du ministre, et qui s'appuyant sur la force irrésistible des choses, le tance vertement s'il n'obéit pas aussitôt, sans lui accorder de louange quand il se soumet, la réponse sera catégorique.

Oui, le crédit est une espèce de machine à vapeur; oui, quand elle se brise, l'ordre social est compromis.

Mais la machine ne se brise pas avant d'être mise en jeu. Pour qu'elle se brise, il faut que les combustibles aient été entassés, que le feu ait été allumé; et elle se brise d'autant plus vite, si l'ouvrier pousse soudainement et follement la flamme pétillante.

Le crédit est un moyen, un instrument, tour à tour le plus précieux, le plus désastreux : et ce n'est pas le but, l'œuvre finale de la civilisation, comme certaines gens voudraient le faire accroire, dans la vue d'en usurper le monopole et d'empiéter à son aide sur le domaine de la souveraineté.

Il ne faut pas qu'un banquier de Londres refuse d'exécuter un contrat fait avec l'Espagne, à moins que le roi ne reconnaisse l'indépendance de l'Amérique. (*Journal du Commerce*, 9 août.)

Il ne faut pas que le projet de 1824 soit vanté sous le rapport politique, comme interdisant toute guerre à la France pendant plusieurs années. (*Réflexions sur la Réduction de la Rente*, p. 7.)

Il ne faut pas que telle maison de banque, juive ou non d'origine, tienne tous les fils de la fortune du royaume, et en demandant des chevaux de poste, fasse choir les fonds subitement.

Les mots dominent trop l'esprit humain : *c'est le crédit*, voilà le mot cabalistique, voilà la panacée universelle du dix-neuvième siècle. Le ministre a les honneurs de l'invention; l'espèce de fièvre à la hausse, dont il parlait en 1824, semble avoir engendre l'espèce de machine à vapeur dont nous entretient le journal.

Seulement, tandis que, selon celui-ci, sa machine produit une force irrésistible, suivant le ministre, sa fièvre tenait à des circonstances transitoires, dont il importe de profiter quand elles sont dans toute leur force, ainsi que la prudence veut qu'on use de tout ce qui est accidentel et passager. (*Exposé des motifs*, p. 2.)

Or, c'est dans cette phrase littéralement transcrite (autant qu'il y a moyen de lui supposer quelque sens) où gît l'erreur, la bévue, qui a commandé tous ses déportemens.

Si la prudence veut qu'on use de ce qui est accidentel et passager, la prudence défend de fonder un système de longue durée sur des circonstances transitoires ; car l'échafaudage s'écroulant, l'édifice serait renversé.

L'usage du crédit est soumis à des lois morales : il doit exister un besoin absolu de l'employer et un espoir légitime de le soutenir : autrement ses succès tournent en revers.

Le crédit de l'Etat, qui est isolé du crédit commercial, étant au-dessus en Angleterre et au-dessous en France, se réduit dans sa simple expression, à la faculté plus ou moins puissante de contracter des emprunts.

Lorsque l'Etat n'est pas obligé de long-temps à recourir aux emprunts, le degré de son crédit lui reste indifférent, puisqu'il n'en use pas ; et n'est même qu'apparent tant qu'il n'en a pas usé.

Cependant c'est aux abîmes de l'avenir, qu'on tente en ce moment d'asseoir et d'élever le crédit, comme si la vague du temps, semblable à celle de l'équinoxe, ne devait pas balayer au premier jour tous ces jalons, ces pilotis, posés sur le sable.

Les jeux du sort sont bien connus, surtout en cette matière. Jamais les actions de la caisse d'escompte ne furent plus hautes qu'en 1789 et 1790, à la veille d'une catastrophe générale ; et, depuis quarante ans, les 3 anglais attendaient, pour monter à 95, cette fatale année de 1792, qui présageait une guerre de vingt ans, et dans laquelle ils tombèrent, en vingt jours, de 90 à 74.

Or tous les efforts faits hors de saison, entravent les progrès de la richesse nationale qui, seule, prépare pour des temps lointains une base solide au crédit, en semant des périls de toute sorte sur les voies de la circulation agricole et commerciale.

Il est plusieurs modes de contracter des emprunts. La fière Angleterre s'est soumise elle-même à traiter en bloc, à forfait; à faire endosser son engagement, à enter le crédit de l'état sur le crédit de banque; et elle s'en est bien trouvée pendant la guerre, où l'omnium a été à 10 et 15 pour 100 d'escompte.

La France suit le même mode, avec plus de motifs, puisque le crédit, à peine sorti de terre, y réclame un appui, un tuteur, pour soutenir sa frêle tige, menacée par le moindre souffle de vent; mais aussi avec plus de dangers, car l'appui même, implanté dans un sol encore tremblant, n'est pas de force à faire tête aux orages inattendus.

Ecoutez un orateur devenu ministre, déclarant qu'un mouvement de 18 à 20 pour 100 en France n'était accompagné que d'une fluctuation de 1 à 2 pour 100 en Angleterre. Et les deux pays n'ont point changé.

Voyez en 1818, une débâcle emportant la rente de 80 à 60, en sorte que le ministre se crut obligé d'ouvrir les caisses du trésor, et de résilier un marché de rentes fait à 75. Et les 3 sont moins fermes que les 5.

Cet emprunt gigantesque, qu'on trame sans raisons valables, qu'on fixe à un taux tellement inférieur au cours, qu'on livre à une compagnie étrangère, jusqu'à cette heure fortunée en entreprises, et par cela même téméraire en projets; cet emprunt, s'il n'y avait plus qu'à le signer, il faudrait s'y refuser, se retirer avec horreur.

L'opération devrait-elle être facile et prompte? Les banquiers réalisent un immense bénéfice, et se mettent en quête de quelqu'autre bonne affaire, laissant les fonds publics tomber d'une chute accélérée, à la ruine des régnicoles.

L'opération devient-elle lente et pénible, incertaine de réussite, effrayante de résultat, que font les Juifs? « Nous liquidons, nous déposons notre bilan. Et vous le sentez bien : les Français qui se traînent à notre suite, ceux même qui ont tenté de se mettre à l'abri, ceux encore qui ne se doutaient pas du péril, de proche en proche, seront plus ou moins atteints. »

Le ministre cède et n'a pas tort. « Allez, mes pauvres amis, répond-il en soupirant; vous avez agi en conscience, et moi aussi, je vous jure. Le sort est conjuré contre nous : allez, nous nous reverrons en des temps meilleurs. »

Les chambres aviseront là-dessus.

Les chambres méditeront ces paroles qui portent la condamnation du système, en ce qu'il n'est pas adapté à un pays agricole, en ce qu'il est repoussé par les circonstances présentes : car ces paroles rendent l'image parfaite de l'état de la France.

« Les efforts de la propriété foncière sont restés sans résultat et sans récompense : *cette base de notre édifice social* fléchit, et voit, chaque année, s'augmenter *son effrayante dépréciation.* » (Discours du Ministre de l'Intérieur à la diète de Pologne, *Moniteur* du 20 juin 1825.)

Les progrès de l'industrie passent toute idée : une nouvelle branche commence à être exploitée. Sans doute les matières premières, proprement dites, les matières substantielles avaient été épuisées : il s'agit de mettre en œuvre un élément de sorte idéale, de fabriquer du crédit. L'affaire est belle. Pour trouver la pierre philosophale, encore fallait-il employer quelque métal et des combustibles : ici, il n'est besoin que d'un chiffon. Soufflez dessus ; c'est de l'or.

Les gens ont leur thême, qui est tourné et retourné depuis dix-huit mois, en mille et mille façons.

« Les fonds surabondent ; la baisse de l'intérêt est notoire : voyez la rente à 115 et 120, si le projet n'avait été publié ; voyez les bons du trésor à 5 pour 100 ; voyez ces bâtisses, ces entreprises qui ne finissent pas. Nul ne sait que faire de son argent. »

« L'Etat est le plus grand emprunteur : il est le maître du marché. L'intérêt usuraire qu'il paie, entrave le mouvement de baisse ; en le réduisant à 4 pour 100, ce taux deviendra général. »

« Quand les capitaux s'offrent à vil prix, serait-il juste que les rentiers reçussent un intérêt aussi haut? Quand les terres ne donnent que 2 1/2, serait-il supportable que les fonds publics donnassent 5 pour 100? »

Or, tout cela est faux, radicalement faux, ridiculement faux. En fait de fagots, Sganarelle était plus habile.

Dans le premier Aperçu, il a été démontré que le crédit d'un pays agricole est resserré sous des limites étroites, et que la richesse publique, en France, était plutôt en état de dépression, que de progression.

De plus, il y a été exposé que toutes les entreprises tendent à dissoudre les capitaux en parcelles, ou à les expulser du marché pour un temps. Si elles échouent, il en résulte une perte effective de fonds : si elles réussissent, il se forme une nouvelle espèce de valeurs, qui ne produisent des capitaux circulans qu'après qu'elles se sont consolidées dans l'opinion, qu'autant que leurs possesseurs se prêtent à user du crédit en les engageant.

En second lieu, l'Etat est le plus grand emprunteur; mais seulement quand il emprunte, et non quand il se borne à échanger des titres. D'ailleurs, quand il emprunte, c'est le marché qui est le maître, comme on l'a vu plus d'une fois.

L'intérêt de la dette publique ne commande point celui des transactions civiles : en Angleterre, les trois étaient à 90, tandis que la Banque escomptait encore à 5 pour 100 ; en France, l'intérêt hypothécaire n'était qu'à 6 pour 100, lorsque les cinq languissaient à 60. (Voyez la seconde note).

La baisse de l'intérêt ne porte point un avantage intrinsèque. S'opère-t-elle soudainement, il s'ensuit des pertes, des désastres qui réagissent sur la richesse publique, parmi les personnes antérieurement engagées dans les affaires : ne dure-t-elle que passagèrement, il s'ensuit des malheurs analogues parmi les personnes engagées subséquemment dans les affaires.

Quand même la baisse de l'intérêt serait lente et permanente, d'une part, elle réduit les profits du loyer des capitaux, lequel profit devait fournir des épargnes et former de nouveaux capitaux; de l'autre, elle entraîne l'industrie à des opérations inaccoutumées, exagérées, dont le non-succès consume une portion de la richesse nationale.

En thèse générale, on peut dire qu'à l'égard des transactions de l'intérieur, et dans un pays, dans des temps où les emplois sont saturés de fonds, et les produits avilis de prix, le taux inférieur de l'intérêt cause plus de mal que de bien.

Les gens à système n'en ont envisagé les effets que sous le rapport du commerce d'exportation, qui en profite pour soutenir la concurrence de l'étranger; oubliant tout-à-fait que le commerce intérieur est en Angleterre, dans le rapport de 10 à 1, avec le commerce intérieur; en France, dans le rapport de 100 à 1. Lequel faut-il sacrifier?

Les gens ne se sont pas même doutés que, chez nos voisins, le taux de l'intérêt n'exerce qu'une influence presque imperceptible sur le prix vénal des produits industriels, en comparaison de l'influence illimitée qu'exercent l'esprit d'association, le caractère de constance et de prudence qui les distinguent.

En troisième lieu, rien n'est plus révoltant que le parallèle entre les rentiers, et les capitalistes ou les propriétaires.

Les terres, dit-on, ne donnent que deux et demi : oui, pour ceux qui les achètent au denier exorbitant où leur prix est porté par l'effet des mesures bursales : non, pour ceux qui les possèdent d'ancienne date, et qui reçoivent de 6 à 4 pour 100 du capital déboursé. Or, les premiers ne font pas le centième des derniers.

Les rentes ne doivent donc pas, ajoute-t-on, donner 5 pour 100 : mais analysez, et comparez. Les terres investissent de l'existence morale et politique; les terres s'élèvent de valeur avec le temps, en capital et en revenu : les terres sont préservées et des inflexions du cours, et des réductions d'intérêt, et des perturbations d'esprit, dont, à cette heure même, vous affligez les rentiers.

Les capitaux s'offrent à vil prix; l'intérêt des fonds publics doit être diminué en proportion, est-il dit et redit mille fois.

Il valait mieux dire avec le ministre, que l'impôt du cinquième serait aussi juste à mettre sur les rentes que sur les terres. Les capitaux sont libres; s'ils s'offrent aujourd'hui, ils se retirent demain. Au contraire, le fonds des rentes est engagé à jamais : il a subi des pertes, il encourt des chances : son intérêt est réglé comme à forfait, au moyen terme, où se balancent les risques et les profits.

Il existe un contrat. Avez-vous le droit de l'interpréter, de le violer, tantôt réduisant l'intérêt, parce que la nécessité l'exige; tantôt convertissant la rente à un taux plus bas, parce que l'avidité y induit.

Vous dites que le numéraire se déprécie : et vous dites vrai, au moins pour l'avenir. Mais il serait d'autant plus déloyal de rembourser en valeurs avilies, des valeurs reçues à un titre élevé ; mais il serait d'autant plus équitable de compenser, par un accroissement nominal du revenu, la perte réelle qui est supportée dans son échange contre les besoins de la vie.

Res perit domino. Or, c'est l'Etat qui est le seigneur, le maître, quant au capital, puisqu'il est aliéné irrévocablement; c'est dans ses mains que le capital périt ou dépérit. Les rentiers ne s'étaient réservés que la jouissance du revenu, lequel a été fixé en numéraire à une somme équivalente à telle et telle quantité de denrées : si cette somme n'en paie plus la même quantité, le propriétaire du capital devrait plutôt l'élever jusqu'au rapport qui existait lors du contrat.

Après que le capital, dont l'Etat est propriétaire incommutable, a grandement fructifié à son profit, faudrait-il que le revenu dont les rentiers ont gardé la jouissance plus ou moins temporaire, se déprimât, se desséchât à leur détriment? Et n'est-ce pas déjà une chance assez lucrative pour le fisc, que le temps doive alléger, de jour en jour, la charge effective des intérêts de sa dette, sans qu'il se laisse aller à la tentation d'en forcer la réduction nominale?

Vis-à-vis de l'Etat, ainsi qu'entre les particuliers, ce sont les créanciers que la loi aurait à protéger, à défendre contre la dépréciation inévitable du signe d'échange, ainsi qu'il a été question de le faire en Angleterre, en établissant un étalon (standard), un type fixe et invariable, pour servir de base aux actes.

Mais la loi ancienne ne savait pas que l'argent est une marchandise, une propriété, dont les contrats sont aussi sacrés que tous autres; et la loi actuelle ignore que le constitut est de son essence, une transaction finale, par laquelle le prêteur aliène un capital numéraire, sans être autorisé à le réclamer au cas que sa valeur réelle s'élève, ni être forcé à le recevoir au cas qu'elle s'avilisse; par laquelle l'emprunteur s'engage à payer un intérêt numéraire, sans s'obliger à l'acquitter au pair de sa valeur primitive, comme aussi sans se réserver le pouvoir de le réduire, par la raison qu'il serait tombé au-dessous du pair.

Un mot conclut tout. Dans ces temps de longue durée, où l'intérêt commercial restait à 8, 10 et 12 pour 100, la pensée est-elle venue ou de rembourser les créanciers, ou de leur attribuer un plus fort intérêt? Non, sans doute : et comme c'est l'égalité qui constitue l'équité, lorsque cet intérêt baisserait à 4 et à 3, il n'y aurait pas plus de motifs, pas plus de droit, pour rembourser le capital ou réduire l'intérêt.

Mais le fanatisme du crédit n'entend rien, ne sent rien : justice, morale, politique, tout doit être immolé sur ses autels Les fonds abondent;

l'intérêt baisse; la rente sera ou remboursée, ou réduite ou convertie.

Et cependant, s'il arrive ensuite, comme il arrivera sans doute, comme il est déjà arrivé, que les fonds se raréfient, que l'intérêt se relève, la loyauté nationale ne serait-elle pas tenue à payer le capital à l'ancien pair, ou à rétablir l'intérêt à l'ancien taux, au moins en faveur des rentiers séduits ou intimidés qui auraient accepté l'échange des trois pour 100?

Avec cette condition, voudrait-on avoir la loi? Sans cette condition, pourrait-on avoir la loi? Il y aurait insanité de la part du ministre, ou iniquité de la part des Chambres.

Ces considérations se rallient à une pensée émise dans la discussion, en 1824.

« Vous l'ignorez encore : dénué de force, incertain de durée, asservi aux besoins, que faut-il à l'homme? et sur quoi agit la loi?

Ce qu'il faut! la vie, la subsistance, la jouissance, le revenu. Tel est le principe du premier droit qui soit dévolu à l'homme, du premier devoir qui soit imposé à la loi.

La loi traite des biens et des capitaux, en règle la transmission, en détermine l'usage.

Mais d'où vient qu'elle y porte tant de soins? car enfin les biens meubles ou immeubles ne se prêtent point à la subsistance, ne tournent point en nourriture? C'est parce que ces biens donnent naissance au revenu et fondent ainsi la jouissance, parce qu'ils remplissent l'office d'une matrice, où germent et se développent les produits annuels dont se compose le revenu, sur lesquels s'exerce la jouissance.

Et d'où vient que la loi s'occupe des biens, des capitaux, qui sont nuls en eux-mêmes, plutôt que de leurs produits, qui seuls portent le principe de vie? C'est à cause que les produits, étant destinés à périr par la consommation et à renaître par le travail, ne présentent point de corps fixe, point d'être durable et saisissable à la conception de la loi non plus qu'à son exécution.

Dans la réalité, il n'est que le revenu qui entre dans la mise sociale, qui pèse et compte dans les titres de l'individu; et les prescriptions infligées à la loi, les prévisions appliquées par la loi, ne peuvent et ne doivent exister qu'en vue de la jouissance. »

L'expression seule, ce mot de rente, tout-à-fait synonyme du mot de revenu, jetait la plus vive lumière et éclairait la question sous sa véritable face : elle disait éloquemment pourquoi le contrat avait été consenti, et comment il devait être exécuté. Pour le prêteur, le but évident était d'acquérir un revenu; pour l'emprunteur, l'engagement formel était d'en fournir la jouissance.

Le contrat synallagmatique tend à satisfaire deux besoins diametralement opposés; l'accord des volontés dérive du contraste des intentions. L'intention de l'une des parties manifeste l'intention de l'autre, prise en sens inverse; il suffit de discerner celle du possesseur de la chose, pour déterminer celle de l'acquéreur.

Tout contrat est un échange de certaines valeurs entre deux personnes, dans lequel chacune d'elles opère simultanément l'acte de vendre la valeur à elle appartenant, et l'acte d'acheter la valeur appartenant à l'autre.

En ce qui regarde les rentes sur l'état, le prêteur est le possesseur de la chose, du capital; et il opère l'acte de vendre un capital, l'acte d'acheter un revenu, tandis que l'état ou l'emprunteur, agissant vis-à-vis de lui, opère l'acte d'acheter un capital et l'acte de vendre un revenu. Telle est l'essence de leur transaction.

L'aliénation des biens immeubles, c'est-à-dire leur échange contre des écus, ne présente point un autre caractère. Le propriétaire vend un fonds de terre, le prêteur vend un fonds d'écus. Ils ont le même droit à disposer de leur chose, bien que leur chose ne soit pas la même.

La différence entre les deux contrats n'existe réellement que dans la valeur prise en échange ou achetée par l'un et par l'autre. Pour le propriétaire, cette valeur est un capital; pour le prêteur, elle est un revenu.

Et les deux contrats s'assimilent absolument, lorsque le propriétaire, au lieu d'aliéner purement et simplement, se borne à arrenter, à afféager, à céder le bien en échange d'une rente foncière perpétuelle; car, par ce mode, ainsi que le prêteur, il effectue à la fois la vente d'un fonds et l'achat d'un revenu.

Or il n'est pas venu à la connaissance qu'en aucun pays, que sous aucune loi, l'afféagiste ou le tenancier à titre perpétuel ait été autorisé à faire abandon, à déguerpir du bien, à le restituer en nature et se décharger de la rente, quand même ledit bien se serait déprécié, soit par le laps du temps, soit par l'effet des accidens.

Une similitude presque aussi frappante se rencontre entre la rente viagère et la rente perpétuelle. Dans celle-ci, le capital est également aliéné sans terme, sans retour, est vraiment placé à titre de fonds perdu ; et la force des choses ainsi que l'expérience fournissent autant de présages que de preuves à l'appui de cette vérité.

Avec quelques recherches, il y aurait moyen de démontrer que, par l'événement, la rente perpétuelle n'a jamais porté autant de profit que la rente viagère dont l'excédant aurait été épargné, et n'a jamais conservé son intégrité, seulement jusqu'au terme du bail amphytéotique.

Cependant c'est le capital de cette rente, aliéné sans retour, placé à fonds perdu, éteint de plein droit, qu'on prétend ressusciter et faire revivre ; chose dont l'idée ne serait pas venue en faveur des créanciers, dont le projet n'est conçu qu'afin d'investir le débiteur du droit de le rembourser en un signe avili.

A cet égard, il y a une convention en Angleterre; mais en France, c'est bien une invention. Et l'Etat aurait craint de la mettre en avant, lorsque, se refusant à fournir les intérêts, soit en totalité pour le moment, soit en partie pour toujours, il se mettait sous le coup de la loi, qui prescrit, en ce cas, la restitution des fonds.

Dans ce système, la rente sur l'état n'est plus un revenu, n'est plus une rente : son nom, son titre, est un simple signe qui exprime un capital. Cinq francs à recevoir par an signifient cent francs à recevoir en une fois, et le devoir de payer une annuité emporte le droit d'en payer le fonds au denier vingt.

Au lieu d'interpréter le sens des contrats par le texte et l'esprit, par l'intention et l'usage, par la jurisprudence pratique, il y sera procédé désormais d'après la méthode des sous-entendus, et surtout en l'absence de la partie adverse.

Mais encore, cette fragile et passagère espèce humaine, au-dessus de la justice absolue qu'il lui est rarement donné de comprendre et plus rarement de satisfaire, devrait reconnaître la prééminence de la justice relative, dont les vœux se manifestent à ses sens, dont les lois s'accommodent à sa faiblesse.

Et sous le rapport de la justice relative, tandis que tout est prospère en France, et que chaque existence est garantie, chaque fortune améliorée, faudrait-il que, pour les rentiers seuls, le sort contraire troublât le repos d'une innocente vie, et réduisît les sources d'un modique revenu.

Ils ne s'en doutent pas, ni ceux qui se confinent au monde matériel, ni ceux qui planent aux régions idéales, les uns et les autres presque également disposés à ne voir, dans l'association des êtres sensibles, qu'une aggrégation d'élémens impassibles; ils ne se doutent pas que les projets sont surtout répréhensibles sous le point de vue du fait moral, dans le sens des conséquences qui en résultent, quant à la personne, quant à la famille, quant à la monarchie.

Mettez l'homme en mouvement, il se trouble et s'égare; mettez-le au jeu, il se pervertit. Doit-il s'enrichir, sa place est marquée dans cette foule de parvenus, incurable plaie de la restauration : doit-il se ruiner, vous direz où sera son gîte; à l'hôpital ou aux galères, dans les tripots ou dans la police.

Tous ne joueront pas, mais tous seront gênés : de là, ceux-ci spéculeront, recherchant un intérêt élevé et compromettant le capital; ceux-là prélèveront une portion sur leurs fonds pour la placer en rentes viagères.

Vous leur défendez d'être pères : car c'est un délit autant qu'un désastre, alors qu'il n'y a plus d'esprit de famille.

Vous leur défendez de croire en Dieu : car c'est un contraste, une contradiction, alors qu'il n'y a plus de mœurs.

Vous leur défendez d'aimer et servir leur Roi : car pourrait-il, voudrait-il régner, alors qu'il n'y aurait plus d'affections, d'habitudes morales?

Sans doute, il ne s'agit ici que de deux cents mille rentiers ; mais c'était encore la classe la moins corrompue ; et la classe des indemnisés, la classe des agens de l'Etat, sont à peu près traitées de même ; et d'autres mesures d'un effet analogue viendront à la suite!

A quels titres, le siècle doué de tant de puissance, rencontrant si peu de résistance, a-t-il pu mériter d'être ainsi appuyé et soutenu dans ses succès peut-être inévitables?

Les développemens seraient trop longs ; le résumé parle aussi bien. Les rentiers perpétuels devenus viagers, la famille rendue viagère, la monarchie constituée viagère ; et les mœurs, la religion, réduites au-dessous d'une existence déjà si bornée!

Dans cette discussion, combien de choses restent encore inaperçues? et comme il avait raison, l'illustre écrivain qui s'est exprimé en ces termes :

« Voilà, mon noble ami, des faits qui peuvent conduire à de graves réflexions ; maintenant il faut convenir avec candeur qu'ils n'étaient pas généralement connus l'année dernière. Au milieu d'une discussion animée, on n'avait pas eu le temps d'approfondir la matière ; les esprits les plus sains, les hommes de la meilleure foi du monde purent hésiter, ou même avoir une opinion différente de celle qu'ils manifesteraient aujourd'hui. Lorsque le péril a été passé et qu'on a regardé en arrière, l'étude et la réflexion ont fait voir des choses dont on ne s'était pas même douté. Puisse l'expérience nous corriger à jamais de ces improvisations de lois, qui peuvent avoir les conséquences les plus funestes ! Ce n'est point à la tribune qu'on tranche ces importantes questions de droit qui embarrassent les jurisconsultes les plus habiles. » (Seconde Lettre à un Pair de France, page 72.)

Le premier projet de loi était conçu en ces termes : « Le ministre est autorisé à substituer des trois pour cent aux cinq pour cent, soit qu'il opère par échange des cinq contre des trois, soit qu'il rembourse les cinq en négociant des trois. »

Substituer est la fin ; échanger ou rembourser sont les moyens. Le pouvoir d'échanger est requis, bien que cela fût superflu : le droit de rembourser est reconnu, sans qu'il ait été discuté.

Il eût été plus didactique de rédiger le projet comme il suit :

Art. 1er. Les rentes cinq pour cent sont *remboursables* au pair nominal de 100.

2°. Il est créé un nouveau fonds en trois pour cent, négociable à 75.

3°. Les porteurs des cinq qui n'accepteront pas l'échange à ce taux seront remboursés.

4°. L'emprunt nécessaire ne pourra être contracté au-dessous de 75.

5°. Le Trésor entrera en jouissance des bénéfices avant le 1er janvier 1826.

En cette manière, la question légale du remboursement était posée, débattue, approfondie; elle absorbait toute l'attention, concentrait toutes les méditations; et la loi se voyait rejetée ou adoptée, d'après sa solution négative ou affirmative; au lieu que, par la méthode du ministre, sa solution est préjugée, est sous-entendue dans le projet même.

Un tel procédé ne manquait pas d'habileté. Les esprits nonchalans ou légers se complaisent à trouver la besogne toute faite; les adversaires même, quelque peu ébranlés par une assertion tranchante, dévient de la droite ligne, et laissent de côté le point capital. D'ailleurs, comme leur désir se borne à faire repousser la loi, ils s'attachent de préférence aux motifs les plus frappans, les plus propres à porter une vive impression.

C'est ainsi qu'en 1824, les orateurs ont à peine abordé la question du remboursement, ou plutôt ont passé par dessus. A Dieu ne plaise qu'on les blâme! Ils ont suivi la bonne voie; ils ont triomphé.

Mais il ne faut pas souffrir que les fauteurs du projet partent de ces réticences, pour soutenir que ce point est admis, est accordé. Nulle présomption ne s'élève en sa faveur, puisqu'il n'a pas été discuté ; et certaine prévention serait plutôt légitime, puisque la loi a été rejetée.

Tout moyen sied à ces gens-là. Leur art s'est réduit à présenter des inductions fausses, des suppositions gratuites, à s'appuyer sur des exemples nullement applicables; peut-être quelque honte ou quelque crainte donne maintenant de la répugnance à ressasser de tels argumens : il est des caractères, des talens qui se prêtent mieux à étouffer qu'à éclairer la discussion.

La question de la légalité reste intacte et vierge : elle reste à poser avec loyauté, à débattre avec sagacité, à résoudre avec équité. Il n'en fut jamais de plus haute importance, sous tous les rapports moraux. Mais ce n'est pas le lieu ni le moment de la traiter.

Cependant si le projet doit jamais reparaître, deux autres questions s'offriront d'abord : la question de compétence et la question de convenance : l'une qui doit nécessairement se décider la première, l'autre qu'il convient aussi de mettre en tête, puisque sa solution négative couperait court aux plus tristes débats.

Les Chambres sont-elles compétentes ? Il ne paraît pas que personne ait élevé un doute à cet égard. Cela prouverait contre plutôt que pour : lisez l'histoire, connaissez l'homme. Les axiômes l'ont égaré plus souvent que les paradoxes : l'i qui se crée intuitivement dans le cerveau, qui n'est en nul rapport avec les données réelles, tourne facilement en axiome; l'absurde, s'il n'est pas contrôlé, se revêt promptement des formes de l'évidence; et rien n'est plus difficile à réfuter que l'absurde.

Or, le gouvernement représentatif est tombé sur la France, comme un vaste réseau qui a tout englobé, qui enserre tout. Cette forme est décevante : ce sont les élus, les sages, d'autres nous-mêmes en miniature, qui, éclairés et impartiaux, prononcent sur nous et entre nous. L'opinion se laisse entraîner et ne saisit plus les limites morales de l'omnipotence parlementaire.

C'est ainsi que la compétence des Chambres a été reconnue d'emblée, a été prononcée sans arrêt.

Et cependant il y a un contrat; il y a des créanciers et un débiteur, non pas des sujets et un gouvernement. Le régnicole, en tant que porteur d'effets sur l'Etat, doit être tenu pour étranger, pour cosmopolite; sa personne doit se scinder en deux êtres tout-à-fait disparates, l'être sujet qui obéit à la loi générale, et l'être créancier qui défend son titre particulier.

Or, les Chambres n'ont de droit ni de pouvoir que comme agissant au nom de l'Etat. Dans l'acte synallagmatique, elles représentent l'emprunteur;

dans le procès avec le prêteur, elles sont parties : seront-elles juges aussi?

Toute la question est là, ou plutôt il n'y a point de question, par devant l'équité.

L'cxemple de l'Angleterre est mis en avant, bien qu'il n'y soit pas applicable : car en ce pays où les clauses sont formelles, la question légale n'a pu s'élever.

L'exemple de la France serait rétorqué avec plus de justesse. Naguère il s'est tramé un marché onéreux, frauduleux : les Chambres ont-elles eu la pensée de l'examiner, de l'annuler? Non : la signature de l'intendant commis à l'effet de traiter était sacrée.

Il s'est tramé un énorme emprunt, à un prix convenu sous le manteau de la chemiuée, dans des temps qui en apparence justifiaient son taux, avec la certitude acquise d'un projet combiné pour forcer le cours : les bénéfices se sont réalisés à 15 et 18 pour 100. Les Chambres ont-elles été tentées d'intervenir, de prêter force à justice? Non : la foi du contrat, le maintien du crédit retenaient.

Mais serait-ce donc que la foi due aux anciens contrats fût surannée et parût abusive?

A l'égard des emprunts passés depuis 1815, leurs coupons, transférés de mains en mains, et acquis à des prix divers, sont plus inviolables, sans doute que ne l'était la masse de l'emprunt de 1823, encore gisante aux caisses du banquier.

A l'égard des emprunts faits avant 1789, leurs titres ne sont point soumis au Code Civil, car il prohibe tout effet rétroactif: et même, pour rentrer dans ses termes, il faudrait restituer le capital primitif; car sans parler des valeurs remises en échange, le remboursement partiel opéré sous le Directoire, n'était autorisé par aucune loi d'aucun pays.

Décidez maintenant de la compétence, et passons à la question de convenance.

Il est difficile d'imprimer une allure au crédit, plus difficile encore de l'y soumettre par force. Et c'est le crédit de 1830, de 1840, qu'il vous plaît de façonner. Songez donc qu'il n'est pas encore né; songez qu'en cette famille, les enfans ne sont point liés par les engagemens des pères.

On doit seulement rechercher comment le crédit jugera de l'état des choses en 1830 ou 1840. Tout aura changé de face: maintenant, l'espoir de la hausse aveugle quelques personnes, et l'isolement des rentiers laisse leurs plaintes sans consistance. Mais qu'on se transporte au moment d'un emprunt inévitable : les circonstances sont critiques; les esprits s'inquiètent, ou du moins s'agitent; le numéraire est rare et resserré. C'est alors que la mémoire rumine les faits passés.

Chacun le sait : un pas en entraîne un autre ; une mesure fût-elle juste, aplanit la route à des mesures iniques. Et l'art de la parole est porté bien loin : souvent le sophisme la souffle mieux que la raison ; il sera bientôt impossible à la conscience de reconnaître le vrai du faux, le juste de l'injuste. Tout est à craindre.

« Le remboursement n'était-il pas illégal, n'était-il pas illusoire? Combien d'honnêtes et habiles gens l'ont soutenu avec énergie! Si l'autorité a triomphé, ne doit-elle pas triompher toujours, étant armée de tous les moyens de violence et de séduction? ses succès constatent le fait, et ne consacrent pas le droit. »

« Et qu'est-ce au fond que tous ces actes opérés sous *Desmarets et Terrai*, sous le directoire et sous la monarchie, tour à tour intitulés des noms de réduction, de remboursement, de conversion? L'intention est toujours la même ; le résultat toujours le même : il y a tant en moins payé par l'Etat, tant en moins reçu par les rentiers.

« Serait-ce que les uns et les autres ne diffèrent que dans le mode, que pour la forme? En 1715, les paroles étaient douces et touchantes, plus qu'en 1824 (1) : le directoire aurait eu honte de

---

(1) *Paroles de Justice et de Raison*, page 14.

ne pas simuler un remboursement, tandis que le ministre du Roi ne s'est pas abaissé à cet égard, jusqu'à l'artifice.

« En effet, il a déclaré le 31 mai 1824, que s'il était impossible à l'Etat de payer ses créanciers, il serait aussi impossible à ceux-ci d'utiliser leurs fonds ailleurs : et partant de ce principe, il a insisté sur le remboursement intégral de la dette, dans la crainte sans doute que les deux impossibilités, étant disposées à faire divorce avec le temps, l'Etat ne restât sous le faix de celle qui lui est inhérente.

« La peur fut chargée de porter les coups : c'est un moyen de contrainte, tout aussi bien que la violence. Il y a eu contrainte ; il n'existait nulle réalité dans les offres, nulle liberté dans l'option : c'était une conversion forcée, une réduction.

« Tous ces noms ne font qu'un ; tous ces mots ont le même sens : réduction, remboursement, conversion, sont synonymes. »

Telle est la vérité ; telle sera l'opinion, en ces temps où les besoins pèseront, où le crédit sera invoqué. C'est déjà sa constante habitude, de promettre beaucoup, et de tenir peu ; d'agacer ceux qui craignent ses embûches, de repousser ceux qui se prosternent à ses pieds : grâces aux mesures projetées, ce ne sera plus par coquetterie qu'il s'esquivera aux poursuites, mais par épouvante.

Ses capitaux sont libres et rares : la liberté attend des sécurités; la rareté exige les premières sécurités : et il ne suffit pas qu'elles soient promises au moment, il faut qu'elles soient éprouvées par un long usage; il faut que le passé réponde de l'avenir.

Or, la France est une et indivisible, dans le temps, aussi bien que par le sol. Le crédit saisira d'un coup d'œil les erremens qui ont été suivis, les événemens qui sont survenus : il envisagera les crises politiques, les crises financières, toutes diverses qu'elles aient pu être, comme une série de phases provenant de la nature des choses, et prêtes à se renouveler à certains périodes.

Les réductions de Desmarets et Terrai, le remboursement du directoire, se représentent d'abord au crédit alarmé. Et quand une ère nouvelle allait lui porter quelque calme, le ministre en renie l'influence, en récuse les faveurs : le ministre rembourse ou réduit aussi : si les formes varient, il y a parité dans les fins. L'opération semblera au crédit, venir à la suite des autres, dériver d'un principe constant, et prolonger, perpétuer l'ancien système des finances de France.

Il y aurait à s'effrayer sur les conséquences

éloignées, autant qu'à s'affliger des résultats actuels, si ce n'était chose impossible à croire que le ministre osât reproduire et parvînt à faire agréer un projet qui fut réprouvé par la conscience législative et par l'opinion publique; un projet dont le caractère a été justement apprécié en ces termes :

« Le crédit de l'Etat ne pouvait s'élever graduellement, et se fixer solidement, que par le classement des rentes, par leur admission au titre d'immeubles, au moyen de quoi, la portion mobile et vénale s'atténue : et le ministre travaille à forcer la transmutation des rentes *qui soutenaient le crédit par la stabilité de leurs placemens*, en rentes, *qui changent à peu près chaque mois de possesseurs*.

« La baisse de l'intérêt ne devait provenir que de la répercussion des capitaux affluant à la Bourse, et de leur dissémination entre les emplois de l'industrie rurale et commerciale; et le ministre ouvre, aux joutes de l'agiotage, une lice dont les limites sont en baisse à 55, en hausse à 85, comme pour absorber tous les esprits, pour aspirer tous les fonds devers le gouffre de Paris.

« Enfin, la richesse nationale, qui émane uniquement de l'exercice du travail et de l'action des capitaux, ne saurait profiter de l'existence d'une dette publique, qu'autant que celle-ci offre un placement ſixe, ou un emploi temporaire aux fonds qui, autrement, seraient exposés à des pertes, ou resteraient oisifs en caisse : et le ministre suscite, fomente, aggrave les perturbations de son cours, dont l'effet certain est de compromettre les uns, de repousser les autres. »

(3ᵉ *Aperçu*, pag. 10 et 11).

NOTES.

NOTE PREMIÈRE (page 56).

Les vains mots et les paroles dorées ne sauraient intervertir l'ordre éternel des choses. Il y a moyen sans doute d'exciter et d'ameuter une sorte d'engouement dans les esprits, à l'aide d'insidieuses manœuvres; mais cette foi factice et hâtive revient bientôt de son délire, et se change en une défiance invétérée.

Qu'importe la foi d'ailleurs? C'est un être idéal, et ce monde n'est que trop matériel. La foi ne défère pas le crédit efficace, attendu qu'elle ne crée pas des écus : il n'y a que les écus qui pèsent dans la balance des échanges; les écus ou les valeurs identiques sont seuls en droit de constituer le crédit. Voilà le suprême axiome en fait de finances.

Sitôt que les fonds manquent, le crédit manque de même : en vain il est fait grand état de la volonté et de la puissance; une loi tout-à-fait étrangère le domine et l'entraîne à son insu. L'offre et la commande des fonds luttent ensemble sur le marché; les capitaux libres y apparaissent face à face des sécurités possibles : c'est en raison de leurs masses respectives que la transaction s'engage.

De part et d'autre, le besoin de traiter est égal; les fins mutuelles doivent s'accomplir, et le débat n'est ouvert que sur les conditions : d'autant qu'il y a plus d'affluence dans les fonds à livrer, d'autant il y a moins d'exigence sur les garanties à fournir.

Ainsi, suivant la misère des siècles et des pays, les prêts sont d'abord contractés sur gages, puis avec hypothèques, et enfin par simples billets; ainsi, sous les systèmes de la régence et des assignats, le crédit se jetait à tout venant, tandis qu'à leur déclin, personne n'y gardait plus de titres.

Or, il est deux causes qui tendent à faire pencher la balance dans le sens favorable au crédit, et toutes les deux dépendent de l'état de la richesse nationale. Tantôt l'accumulation de ses épargnes augmente de plus en plus la somme intrinsèque des capitaux affluant au marché, tantôt la saturation de ses emplois réduit la commande relative, et laisse ainsi un résidu disponible.

Si l'Angleterre a rempli jusqu'à présent des emprunts énormes en chiffres, c'est que les fonds s'y accroissent aussi vite que les emplois : si la Hollande contracte depuis long-temps des prêts à l'étranger, c'est que les emplois s'y resserrent plus tôt que les fonds.

L'état de la France est tout-à-fait inverse : le sol de la production est altéré et desséché. Ce serait un désastre affreux, si ce n'était plutôt une chance impossible, que les artifices du fisc parvinssent à pomper les sources éparses qui doivent le fertiliser.

On peut appuyer d'un exemple frappant cette opinion sur le crédit. Jamais sans doute la confiance ne s'éleva à un degré aussi éminent qu'en Angleterre; jamais, depuis quarante ans, un gouvernement n'avait fait preuve d'autant de fidélité.

Au contraire, de 1713 à 1757, le ministère s'y laisse entraîner à divertir et bientôt à abolir un fonds d'amortissement existant depuis douze ans; et de plus, il opére à trois fois différentes une réduction de 6 à 3 pour o/o sur les intérêts de la dette, soit en opposant les compagnies entre elles, et les menaçant du retrait de leurs chartes, soit en effrayant les créanciers particuliers par la crainte d'un remboursement impraticable. Quoi qu'en disent les échos vulgaires, la foi publique fut violée, sinon à force ouverte, du moins par des ruses aussi coupables (1).

Cependant le terme moyen des trois pour cent se soutint à 90 francs de 1730 à 1778, et, à partir de cette date, il se trouve à peine de 64 francs.

Le crédit y apparaît en raison inverse de la fidélité, parce qu'une puissance prépondérante s'est jetée à la traverse. Les emplois s'y sont accrus depuis ces temps dans une proportion incommensurable, et l'accumulation des épargnes n'ayant pu suivre une marche aussi précipitée, il arrive que la balance n'est plus la même sur le marché.

La paix n'y fait rien : semblable à la foi, elle n'enfante que des désirs stériles. Le temps seul est capable de rétablir le niveau, en jetant de nouvelles épargnes ou en détruisant d'anciens emplois.

(*De la Tactique financière*, 1816.)

---

(1) *The History of the public Revenue*, vol. 1er, chap. 5.

NOTE SECONDE (page 65).

Mais l'homme, aussi vain que débile, prétend toujours intervenir là où sa puissance n'est que néant, là où l'empire est dévolu à la force des choses : son imagination s'épuise à courir après une ombre vaine, et fuit devant la fortune qui marchait à sa rencontre. Le crédit fascine les esprits à cette heure : dans leur idée, le germe en réside au cours de la Bourse, et la hausse des rentes développe son principe au lieu de manifester son effet.

C'est au Palais-Royal que doit se fonder le point d'appui central, que doit manœuvrer un lévier irrésistible, afin de soulever le poids du capital national, le poids de 50 milliards. Sitôt que la rente arrivera au cours de 80 francs, le denier des ventes et le taux des prêts ou des profits seront tenus de se niveler en même rapport. Et tous les argumens entassés contre les impôts les plus désastreux sont ainsi foudroyés.

Ce système ne pèche que par un point. Sans doute, l'idéal domine souvent aux variations de la Bourse, et la fougue est facile à électriser parmi la tourbe badaude. Mais les barrières élèvent un mur de fer, l'effectif compte seul dans les provinces; au libre marché des échanges, le numéraire s'offre d'une part, et de l'autre les titres de toutes sortes : le denier ou le taux se règle d'après leurs proportions mutuelles. Et on ne sache pas que le cours inscrit au bulletin de la Bourse s'exerce aucunement à l'effet d'alléger la masse de ceux-ci ou d'accroître la somme de celui-là.

La hausse des rentes menacerait plutôt d'aggraver les

conditions des actes privés, et d'occasioner des pertes au compte de la richesse nationale. Le crédit fondé n'est pas productif; il ne crée ni matières, ni valeurs. Or, la quotité du fonds social est fixe à telle ou telle époque, et maintenant la culture et l'industrie lui imposent des emplois sacrés. S'il arrivait que l'appât des effets royaux entraînât l'affluence des espèces, elles seraient enlevées, au moins pour un temps, à leur destination naturelle. La place de l'agiotage empiéterait alors sur le marché général de la production; son influence serait d'autant plus funeste, qu'un cours élevé exigerait plus de capitaux et causerait plus de transactions.

Quand il s'agit d'ériger avant terme le crédit du grand-livre, il n'y a de chances qu'entre les désastres et les illusions : s'il cesse d'être un fantôme, il devient un vampire. Au lieu de tendre à grands frais et à pure perte vers l'œuvre précoce d'amortir une part de la dette nationale, ce serait la place dévorante où se trament ses mutations qu'il faudrait condamner et isoler du marché créateur.

On arrive ainsi à une maxime capitale. Le déversoir de la dette publique ne devrait s'ouvrir qu'au trop-plein de la circulation sociale. En justice comme en raison, le crédit fondé n'est autorisé à opérer ses prélèvemens que sur l'excédant effectif et stérile des revenus, sur le résidu net et sec des profits; sur le *caput mortuum* des capitaux que rejettent la culture et l'industrie.

(*De la Politique financière*, 1816.)

PARIS, DE L'IMPRIMERIE D'A. ÉGRON.

www.ingramcontent.com/pod-product-compliance
Ingram Content Group UK Ltd.
Pitfield, Milton Keynes, MK11 3LW, UK
UKHW012026240726
13965UKWH00002B/606